SGV Workbook

Pressearbeit einfach machen!
So geht erfolgreiche PR heute

*Einfach besser lernen:
Das erste Workbook mit 30-Tage-Coaching-System*

Das Workbook mit E-Mail-Coaching

SGV VERLAG

Bibliografische Information der Deutschen Nationalbibliothek

Die Deutsche Nationalbibliothek verzeichnet diese Publikation in der Deutschen Nationalbibliografie; detaillierte bibliografische Daten sind im Internet unter http://dnb.ddb.de abrufbar.

1. Auflage 2012
© 2012 SGV Verlag e. K., Augsburg

Alle Rechte vorbehalten. Nachdruck, auch auszugsweise, nur mit schriftlicher Genehmigung des Verlags.

Autor: Stefan Gottschling

Redaktion: Kristina Würz, Michael Hewuszt

Satz: SGV Verlag

Umschlaggestaltung und Abbildungen: SGV Verlag / Heinz Pichler

Themenbild „Zeitung": © Markus Langer – Fotolia.com

Druck und Verarbeitung: Sächsisches Druck- und Verlagshaus AG, Dresden

Printed in Germany

SGV Workbook 2: Pressearbeit einfach machen!
ISBN 978-3-9813386-2-1

Pressearbeit einfach machen!

Wie schreibt man eine Pressemeldung, die Redakteure und Leser fesselt? Auf welchem Weg kommt man damit in die Presse? Wie arbeiten Redaktionen heute überhaupt? Welche Rolle spielen die Social-Media-Plattformen? Und wie plant man schriftliche PR-Aktionen in der multimedialen Echtzeit-Kommunikation der Online-Welt? Zusammengefasst: Wie organisiere ich meine PR- und Pressearbeit möglichst effizient? Und wie setze ich alles perfekt um?

Das sind nur einige Fragen, auf die Ihnen dieses Workbook konkrete Antworten liefert. Gesammelt in Seminaren, im Texterclub auf Facebook und in vielen Gesprächen. Denn so ist die Idee entstanden, ein praktisches Arbeitsbuch zur Presse- und Öffentlichkeitsarbeit zu schreiben. Praktisch heißt: Wir haben – wie's in einem Workbook sein muss – besonders viel Wert auf die konkrete Umsetzbarkeit gelegt.

Mit dabei: Experten-Interviews von renommierten PR-Profis. Plus jede Menge Praxisbeispiele, klare Anleitungen und Checklisten. Dieses Workbook hilft Ihnen, die richtigen Maßnahmen in Sachen PR zu treffen. Und liefert Ihnen dazu praktikable und sofort umsetzbare Rezepte.

Einfach durcharbeiten – und Sie verbessern Ihre Fähigkeiten. Garantiert. Dafür stehen über 20 Jahre Erfahrung, viele Hundert optimierte Texte und viele Tausend zufriedene Seminarteilnehmer und Beratungskunden. Übrigens: Wann, wo und wie intensiv Sie mit Ihrem Workbook arbeiten, das entscheiden natürlich Sie selbst.

Und Ihr SGV Workbook bietet noch mehr: Durch das angeschlossene Coaching-System stellt es sicher, dass sich Ihr neues Wissen fest verankert. Nachhaltig. Denn 30 Tage lang erhalten Sie eine E-Mail. Täglich. Die weitere Übungen liefert, zusätzliche Informationen und praktische Links bietet. Das Schöne daran: Auch dabei lernen Sie mühelos. Denn pro E-Mail brauchen Sie nur wenige Minuten – und die lassen sich einfach in den Alltag integrieren. Und wenn Sie mehr tun wollen: Bitte sehr! Ihr Coaching-System liefert genügend Vertiefungsmöglichkeiten für alle, die dies wollen.

Viel Spaß beim Arbeiten wünscht

Ihr

Stefan Gottschling
Geschäftsleitung SGV Verlag

SGV Workbook: Pressearbeit einfach machen!

Für einen guten Start

Für einen guten Start ...

Pressemeldungen sind mehr als kurze Texte, die mit Glück in der Zeitung landen. Sie sind das Instrument, mit dem Sie sich und Ihr Unternehmen ins Gespräch bringen – und im Gespräch bleiben. Aber: Es gibt eine Menge zu beachten. Vom korrekten Aufbau über den richtigen Ausdruck bis zu den Möglichkeiten, wie Sie mit Ihrer Meldung genau da landen, wo Sie möchten. Man muss wissen, wie die Abläufe in Redaktionen sind, wie die Online-Pressewelt funktioniert. Und was zu tun ist, damit Firmen-Krisen einen nicht völlig unvorbereitet treffen.

Wie Sie Pressemeldungen schreiben, die Journalisten-Augen leuchten lassen und viele Leser gewinnen. Wie Sie offline und online in die Presse kommen. Und wie Sie auch in Krisen den richtigen Kurs fahren. Damit beschäftigt sich dieses Arbeitsbuch. Und geht damit weit über Standardprogramme hinaus.

Das sollten Sie bereitlegen:

- **Weißes Papier**, um schnelle Ideen zu notieren. Übrigens haben Sie auch in Ihrem Workbook Notizseiten bzw. bietet die linke Seite genügend Platz für Ihre Anmerkungen.

- **Bunte Stifte** in Rot, Grün und Blau: für die einzelnen Optimierungsschritte und für eventuelle Randbemerkungen. Am besten legen Sie sich gleich ein ganzes Paket bunter Stifte bereit.

- **Eigene oder fremde Pressemeldungen**, um das System, das Sie hier kennenlernen, gleich auszuprobieren.

Und so geht's:

In vielen Praxisübungen wenden Sie das Erlernte sofort an. Schritt für Schritt arbeiten Sie sich durch die einzelnen Kapitel und lernen praktische Optimierungs-Schritte kennen. So liefert dieses Workbook viele konkrete Ansätze, die Ihre Pressearbeit strukturierter und erfolgreicher machen. Von der Ideenfindung über Form und Ausdruck bis hin zum Kontakt mit den Redaktionen stellen Sie alle Weichen auf Abdruck.

Damit Ihr Workbook zu einem echten „Arbeitsbuch" wird, haben wir viele Übungen eingebaut. Sie trainieren an fremden und eigenen Beispielen und verfestigen so das Gelernte. Ganz wichtig: Notieren Sie einfach

alles, was Ihnen zum jeweiligen Thema einfällt und was Sie in Ihrer täglichen Arbeit umsetzen wollen. Platz dafür bieten der breite Rand und die unbedruckten Seiten.

Das sind Ihre Wegweiser:

 Der Stift sagt: „Jetzt sind Sie dran!" Egal ob Praxisaufgaben oder eigene Notizen – in den SGV Workbooks ist Hineinschreiben ausdrücklich erwünscht.

 Wenn Sie tiefer in eine Thematik einsteigen wollen: Das Buchsymbol gibt Empfehlungen zum Weiterlesen und zeigt Ihnen, wo Sie zusätzliche Hintergrund-Informationen zum Thema finden.

 „Achtung!", sagt das Ausrufezeichen im grauen Kasten, oft mit der Bemerkung „Tipp" oder „Merke". Sie finden solche Kästen immer dann, wenn's richtig wichtig wird, Dinge für Sie zusammengefasst werden oder Sie sich etwas ganz genau ansehen sollen.

Damit das Wissen gleich „hängen bleibt", haben wir am Ende dieser Ausgabe als Zusammenfassung einen kleinen Wissenstest vorbereitet. So wiederholen und festigen Sie die Inhalte noch einmal und kontrollieren Ihren Lernerfolg.

Etwas ganz Besonderes: Das E-Mail-Coaching

Workbooks aus dem SGV Verlag sind nicht auf das Arbeiten in Ihrem Arbeitsheft begrenzt. Denn neben den Inhalten Ihres Buches öffnen die Mails des Coaching-Systems Ihnen den Zugang in eine multimediale Wissenswelt. Hintergründe, Links, Videos und zusätzliche Beispiele erweitern und festigen das Gelernte. Und Sie erhalten zusätzliche Mustervorlagen und weiteres Übungsmaterial.

Was Sie tun sollten: ganz einfach Ihr E-Mail-Coaching aktivieren. Wir empfehlen Ihnen, erst ein wenig mit Ihrem Workbook vertraut zu werden, bevor Sie Ihr Coaching-System starten. Wie das geht, lesen Sie in Kapitel 11 dieses Buches. Sobald Ihr System gestartet ist, erhalten Sie an jedem Wochentag eine weitere Coaching-Mail – 30 Tage lang.

Und nun lassen Sie sich einfach überraschen. An die Arbeit!

SGV Workbook: Pressearbeit einfach machen!

Inhalt
Das erwartet Sie ...

Der Inhalt

Ihr Workbook liefert ein komplettes Arbeitsprogramm. Hier sind die wichtigsten Themenpunkte:

FÜR EINEN GUTEN START 3

ZUM EINSTIEG 8
Gute Meldung, schlechte Meldung: Was meinen Sie?

KAPITEL 1 14
Was ist was? Begriffe, Definitionen und Instrumente
Dos und Don'ts: Ihr Mini-PR-Knigge
Schnell erklärt: Wichtige Begriffe aus PR und Presse
Experten-Interview: Ist der Erfolg von PR messbar?

KAPITEL 2 24
Ran an den Text! So entsteht Ihre erfolgreiche PR-Meldung
Struktur ist Trumpf: Ihr PR-Meldung-Grundgerüst
Turbos für Ihre Pressemeldung: Betroffenheit und Nachrichtenfaktoren
Der Rohtext steht – jetzt wird er perfekt: Redigieren mit System
Experten-Interview: Wie sieht eine gute Pressemeldung heute aus?

KAPITEL 3 48
Meldung fertig? So kommen Sie damit in die Medien
Ein Blick hinter die Kulissen: So läuft's in Redaktionen
Welcher Weg ist der richtige? Per Post? Als E-Mail?
Die Zielgruppe ist entscheidend: Zu wem passt Ihre Meldung?
Wichtiges Werkzeug: Der Presseverteiler
Experten-Interview: Wie kommt eine neu gegründete Firma in die Presse?

KAPITEL 4 57
Online-PR in Zeiten von Web 2.0
Der Online-Pressebereich Ihrer Website: Was gehört rein?
PR und Social Networks

Experten-Interview: Start frei für Social-Media-PR!

PR-Trends: Alles neu macht das Web?

Experten-Interview: Nachrichtenportale – So kommt Ihre Meldung an

KAPITEL 5 75

Krisen-PR: Cool bleiben, wenn's heiß hergeht

Ein klarer Plan gegen den Krisen-Schock

Schritt für Schritt die Krise meistern – so geht's

Best Practice: Krisen-PR und Social Media

KAPITEL 6 83

Juristisches: Ein bisschen Recht, wenn's recht ist

Wahrhaftigkeit – Vollständigkeit – Anspruch auf Gegendarstellung

Formale Anforderungen für die Gegendarstellung

KAPITEL 7 88

Der Wissenstest

Damit Sie das Gelernte gleich vertiefen: Wissensfragen
zu Ihrem Workbook.

KAPITEL 8 91

Die Musterlösungen ...

... zum Wissenstest und zu den Praxisaufgaben

KAPITEL 9 97

Weiter im Text ...

Damit es gut weitergeht: Bücher, Tipps und viele Texter-
Werkzeuge, die Ihnen beim täglichen Schreiben helfen.

KAPITEL 10 102

Der Index

Von A wie Abbinder bis Z wie Zwischenüberschrift ...

KAPITEL 11 105

Das E-Mail-Coaching

Schritt für Schritt erklärt: Alles, was Sie über die Registrierung
zu Ihrem Coaching-System wissen müssen.

Zum Einstieg

Gute Meldung, schlechte Meldung: Was meinen Sie?

Zum Start in dieses Workbook dürfen Sie schon einmal selbst einschätzen, was an den folgenden Meldungen gut und was schlecht ist. Los geht's!

Zum Einstieg
Gute Meldung, schlechte Meldung?

SGV Workbook: Pressearbeit einfach machen!

Gute Meldung, schlechte Meldung: Was meinen Sie?

Zum Aufwärmen haben wir zwei Praxisaufgaben an den Anfang dieses Buches gestellt. Dabei schlüpfen Sie in die Rolle des Redakteurs. Dieser Blickwechsel bringt häufig interessante Erkenntnisse.

Was wissen Sie bereits über Headlines? Wie viele Fehler – oder besser: wie viele Optimierungs-Chancen finden Sie in unserer Beispiel-Pressemeldung? Der Einstieg-Test definiert einen Stand. Und das Workbook hat ein klares Ziel: Es zeigt Ihnen noch mehr Optimierungs-Ansätze, damit Ihnen die Pressearbeit wirklich einfach und strukturiert von der Hand geht. Los geht's …

PRAXIS

Stellen Sie sich vor, Sie sind Zeitungsredakteur. Im Minutentakt landen neue Pressemeldungen auf Ihrem Schreibtisch – und Sie haben die Qual der Wahl. Um Zeit zu sparen, entscheiden Sie nur anhand der Headline, welche Meldung in Ihr Blatt kommt. Vergleichen Sie die Headlines: Welche Meldung würden Sie abdrucken? Welche nicht? Und warum?

1. Unverwechselbarkeit und sinnvolle Kooperation gefordert
2. Plötzlich Führungskraft? Tipps für den Sprung ins kalte Wasser
3. Das Parkhotel in Neustadt hat vielfältige Aktivitäten im Programm, die das Jahr begleiten
4. Kundenprofitabilität und Kundenwertmanagement in der Dienstleistungsindustrie
5. Facebook-Firmenseiten: Impressum ist Pflicht!

Hier ist Platz für Ihre Notizen:

....

....

....

SGV Workbook: Pressearbeit einfach machen!

Zum Einstieg
Gute Meldung, schlechte Meldung?

PRAXIS

Der Autor der folgenden Pressemeldung hat einige grundlegende Fehler gemacht. Wie viele finden Sie? Tragen Sie die Anzahl hier ein: ☐ **und notieren Sie erste Optimierungsansätze.**

Auf der nächsten Seite ist Platz für Ihre Notizen.

Übrigens: Das Papier in Ihrem Arbeitsbuch können Sie gern beschreiben. Das sollten Sie sogar. Denn alle Blanko-Mustertexte erhalten Sie ganz einfach noch einmal über Ihr Coaching-System.

HeadTex präsentiert auf der PMRExpo 2013 innovative Lösungen für den „Pick by Voice"-Bereich

Für „Pick by Voice"-Systeme, die sich in der Waren- und Lagerlogistik immer mehr durchsetzen, haben die eingesetzten Hör- und Sprechsysteme hohe Relevanz. Die Vorteile von „Pick by Voice" kommen nämlich erst dann voll zur Geltung, wenn die Kommunikation zwischen Mensch und computerbasiertem Sprachsystem problemlos gelingt. Unternehmen können dann ihre Kommissionierung komplett sprachgesteuert, d.h. ohne lästige Papierbelege, durchführen und damit deren Effizienz in nicht unerheblichem Maße steigern.

Auf der PMRExpo 2013 in Köln (27. - 29. November) präsentiert die HeadTex Hörsysteme AG die neuen Headsets ihrer EasyTalk-Reihe, die speziell mit Blick auf die Anforderungen der Kommissionierung entwickelt wurden und daher in diesem Bereich ein enormes Optimierungspotenzial entfalten: Um bis zu 30% kann mit „Pick by Voice"-Systemen und den Headsets der EasyTalk-Reihe die Produktivität gegenüber herkömmlichen Kommissionierungsverfahren gesteigert werden. „Professionelle Anwender vollziehen mit unseren EasyTalk-Headsets den Schritt zum ergonomischen Interface zwischen Mensch und Computer. Zeitraubendes Hantieren mit Listen und Scannern gehört damit der Vergangenheit an. Die Mitarbeiter haben die Hände frei und können so über längere Zeit problemlos konzentriert arbeiten, ohne zu ermüden", sagt Hermann Müller, leitender Entwickler bei HeadTex.

Die EasyTalk-Linie umfasst verschiedene Modelle: Vom ultraleichten monauralen EasyTalk XLS, das dank flexiblem Nackenbügel, drehbarer Hörkapsel und widerstandsfähigem Ohrkissen aus TPU-Leder höchsten Tragekomfort bietet, bis hin zum extrem robusten EasyTalk 123 Gehörschutz-Headset, das mit geräuschkompensierendem Noise-Cancelling-Elektretmikrofon und einer Schalldämmung bis ca. 24 dB auch in sehr lauten Umgebungen reibungslose „Pick by Voice"-Prozesse ermöglicht. Darüber hinaus wird an Stand 495 in Halle 4 auf der PMRExpo das folgende innovative monaurale Headset-Modell vorgestellt: das EasyTalk A, ein leichtes Kopfbügelheadset, das mit seinem geräuschkompensierten NC-Elektretmikrofon ebenfalls beste Sprachqualität ermöglicht.

Weiter Informationen unter www.headtext.de.

Zum Einstieg
Gute Meldung, schlechte Meldung?

SGV Workbook: Pressearbeit einfach machen!

Liste der Auffälligkeiten:

Hinweis: Auf der nächsten Seite gibt's eine kurze Auflistung der Optimierungs-Chancen, die Sie in der Muster-Pressemeldung entdecken können. Also bitte erst weiterblättern, wenn Sie mit Ihrer Liste der Auffälligkeiten fertig sind.

Zum Einstieg
Gute Meldung, schlechte Meldung?

SGV Workbook: Pressearbeit einfach machen!

Gesucht und gefunden: Erste Optimierungsansätze

☑ **Hinweis „Pressemeldung" fehlt:** So weiß der Redakteur nicht, worum es geht. Im schlimmsten Fall landet die Meldung direkt im Papierkorb.

☑ **Headline zu lang:** Die Headline soll Interesse wecken. Ist sie zu lang, bewirkt sie genau das Gegenteil. Denn „lang" bedeutet auch „schwere Kost".

☑ **Keine Kurzmeldung / keine Antwort auf die W-Fragen:** Eine spannende Kurzmeldung macht Freude auf mehr und liefert die wichtigsten Infos. Die Antworten auf die W-Fragen helfen dabei.

☑ **Zu lange Absätze:** Sie erschlagen den Leser förmlich. „So viel zu lesen?", denkt der sich – und ist mit einem Klick auf und davon.

☑ **Zwischenüberschriften fehlen:** Zwischenüberschriften fassen Absätze zusammen. Ein kurzer Blick genügt, und der Leser weiß sofort, was ihn erwartet. Ein zusätzlicher Leseanreiz!

☑ **Zu lange Sätze:** Ähnlich wie bei der Headline: Sätze mit mehr als 20 Wörtern sind schwieriger zu lesen. Folge: Die Leselust sinkt.

☑ **Zu lange Wörter:** Was für Sätze gilt, betrifft natürlich auch die Wörter. Die optimale Wortlänge: im Schnitt zweisilbig.

☑ **Fremdwörter / Fachwortschatz:** Für Profis völlig klar, für Außenstehende aber unverständlich: Fach- und Fremdwörter. Zu viele davon behindern den Lesefluss.

☑ **Nominalstil:** Verben machen Texte schnell, spannend, interessant. Der Nominalstil bewirkt genau das Gegenteil. Er macht den Text abstrakt und steif.

☑ **Keine Kontaktdaten:** Der Redakteur hat noch eine Frage zur Meldung, findet aber im Text keinen Ansprechpartner. Glauben Sie, er wird lange recherchieren? Vermutlich nicht.

☑ **Kein Boilerplate:** Die Chance, unterhalb der Meldung weitere Informationen zum schreibenden Unternehmen zu liefern.

☑ **Zeichenzahl fehlt:** Kurz vor Redaktionsschluss sucht der Journalist noch nach einer Meldung, die ins Layout passt. Ohne Zeichenzahl verschenkt man hier eine zusätzliche Chance auf Abdruck.

Zum Einstieg
Gute Meldung, schlechte Meldung?

Jede Menge Optimierungs-Chancen ...

Sie merken schon: Allein die Pressemeldung bietet zahlreiche Möglichkeiten zur Optimierung. Dafür wurde dieses Workbook geschrieben. Aber nicht nur dafür. Es ist ein Rundum-sorglos-Paket für erfolgreiche Pressearbeit. Denn PR ist mehr als bloßes Verfassen und Verschicken von Pressemitteilungen.

Die Schritte dorthin:

Erst die Grundlagen, dann das Fein-Tuning. In **Kapitel 1** stellen wir Ihnen im Mini-PR-Knigge Dos und Don'ts für die Pressearbeit vor. Auch die wichtigsten Definitionen und PR-Instrumente haben hier ihren Platz. Denn: Nur wenn diese vorher geklärt sind, ist später klar, worüber wir in diesem Workbook reden.

In **Kapitel 2** geht's dann schon ans Eingemachte. Hier steht das Herzstück der Pressearbeit im Mittelpunkt: die Pressemeldung. Sie erfahren die wichtigsten Grundlagen zu Struktur und Sprache und bekommen Tipps, wie Ihre Nachrichten noch spannender werden. Abgerundet wird das Kapitel durch das Redigiersystem. Damit verpassen Sie Ihrer Pressemeldung den letzten Schliff und erhöhen so die Chancen auf Abdruck.

Herzstück geschafft – und nun? Jetzt geht es darum, mit Ihrer Meldung möglichst viel Reichweite zu machen. Wie das gelingt und wie Redaktionen überhaupt funktionieren, zeigt **Kapitel 3**. Und im Handumdrehen schicken Sie Ihre Pressemeldung auf den richtigen Weg – oder besser gesagt in die richtigen Richtungen.

Mit Online-PR beschäftigt sich dann **Kapitel 4**. Alles, was Sie über Social Media und PR wissen müssen, wie Online-PR-Portale funktionieren, und vieles mehr finden Sie hier. Denn eins ist klar: Web 2.0 ist nicht nur ein Trend, sondern eröffnet Ihnen neue Möglichkeiten für Ihre Öffentlichkeitsarbeit. Wo sonst als im Internet kann schließlich diese enorme Reichweite erzeugt werden – und das in Echtzeit?

Bevor's zum Wissenstest geht, zeigt Ihnen **Kapitel 5**, was Sie tun müssen, wenn einmal alles schiefläuft. Wenn eine Krise ins Haus steht, ist es wichtig, die Ruhe zu bewahren. Ein klarer Plan hilft. Krisen-PR ist die schwierigste Aufgabe, die Sie in puncto Pressearbeit zu bewältigen haben – sollte der Fall eintreten. Mit den Tipps aus diesem Kapitel sind Sie dennoch gut gerüstet.

Und los geht's mit Kapitel 1 ...

Was ist was? — Kapitel 1

Dos und Don'ts, Definitionen, Begriffe und Instrumente

Bevor es richtig losgeht: Was Sie als PR-Profi tun und was Sie lassen sollten, gibt's hier als kleine Übersicht. Außerdem dabei: alle wichtigen Begriffe, Definitionen und PR-Instrumente, um die es in diesem Workbook geht.

WAS IST WAS?

Kapitel 1
Was ist was?

SGV Workbook: Pressearbeit einfach machen!

Dos und Don'ts: Ihr Mini-PR-Knigge

PR-Don'ts:
9 Dinge, die Sie in der Pressearbeit lieber nicht tun sollten

Sie schreiben und schreiben – aber der Ertrag der Pressearbeit bleibt aus? Dann kann es sein, dass Sie einen der folgenden Fehler begehen. Denn bei diesen „Erfolgskillern" sehen viele Journalisten rot – und Ihre Pressemitteilung landet in Ablage P(apierkorb), anstatt abgedruckt zu werden.

1. Sie wissen gar nicht, mit wem Sie es zu tun haben

Wichtig! Informieren Sie sich *vor* dem Gespräch mit einem Journalisten über Medium, Zielgruppe, Themen und Erscheinungsweise.

2. Sie wollen Journalisten als Ghostwriter benutzen

„Benutzen" klingt hart? Richtig! Deshalb sehen es Journalisten verständlicherweise auch nicht gern, wenn Sie als Instrument verwendet werden.

3. Sie wollen vor Abdruck noch einmal über den Artikel „drüberschauen"

Was damit nämlich eigentlich gemeint ist: „Ich will nur mal schauen, ob alles so geschrieben ist, wie ich mir das vorgestellt habe." Ein absolutes No-go.

4. Sie belegen nicht, was Sie sagen

Ohne Beweise ist alles nur Blabla. Gerade Journalisten haben ein feines Gespür für Schaumschläger. Und Schaumschläger haben in der Presse nichts verloren.

5. Sie verwechseln Pressearbeit mit Abdruckgarantie

Journalisten entscheiden selbst, was gedruckt wird und was nicht. Wer seine Artikel wie im Anzeigengeschäft „platzieren" oder „schalten" möchte, stößt hier auf taube Ohren.

6. Sie betreiben Telefonterror – obwohl Sie's nur gut meinen

Journalisten stehen unter Zeitdruck. Immer. Dafür sollten Sie Verständnis haben und die wenige Zeit nicht durch dauernde Anrufe stehlen.

7. Sie halten die klassische Struktur nicht ein

Sie schreiben nicht nach dem Gerüst, das für PR-Meldungen gängig ist? Glückwunsch! Dann rauben Sie Zeit, vergraulen Journalisten und sind auf deren guten Willen angewiesen, damit Ihre Meldung veröffentlicht wird.

8. Sie denken nur an sich und nicht an künftige Leser

Ihre Meldung hat es in die Presse geschafft. Alles super? Nicht, wenn Folgendes passiert: Ein Leser nach dem anderen überblättert Ihre Nachricht und liest nicht weiter. Zu uninteressant.

9. Sie machen viel Arbeit, weil Ihr Text nicht redigiert ist

Wenn Sie sich nicht die Arbeit machen, Ihren Text zu redigieren, machen Sie diese Arbeit dem Journalisten. Und was meinen Sie, wie der sich freut?

PRAXIS

Einsicht ist der erste Schritt zur Besserung. Überlegen Sie doch mal: Welche der oben genannten Fehler haben Sie selbst schon gemacht?

....

....

....

....

....

Kapitel 1
Was ist was?

SGV Workbook: Pressearbeit einfach machen!

PR-Dos:
9 Dinge, die Journalisten ein Lächeln aufs Gesicht zaubern

Wenn es Dinge gibt, die man tunlichst lassen sollte, gibt es auch immer solche, die genau richtig sind. Hier eine kleine Auflistung, wie Sie zu einem absoluten PR-Profi werden und auch bei Journalisten gut ankommen:

1. Ihnen ist klar: Sie machen PR

Das heißt: Sie sind sich darüber im Klaren, dass Sie Ihr Unternehmen vertreten. Und das so gut wie möglich.

2. Sie wissen, was Sie tun und wie Redaktionen funktionieren

Das heißt: Sie wissen, wer in Redaktionen für was zuständig ist, kennen die internen Arbeitsabläufe und Hierarchien.

3. Sie halten genügend Infos bereit

Rückfragen bringen Sie nicht aus der Ruhe, denn Sie sind vor einer Anfrage bei einer Redaktion bestens vorbereitet und kompetent im Thema. Optimal: Sie bieten einen Social-Media-Newsroom auf Ihrer Homepage an.

4. Sie bleiben ruhig und geben Journalisten genug Freiraum

Interview eingefädelt. Alles in trockenen Tüchern. Jetzt einfach freuen und die Ruhe bewahren.

5. Sie bauen Ihre Meldung richtig auf

Der richtige Aufbau ist noch nicht alles – aber der erste Schritt in Richtung Veröffentlichung. Kopfzeile, Headline, Kurzmeldung, Boilerplate etc. meistern Sie mit links. Sie fragen sich, was ein Boilerplate ist oder wie eine Kurzmeldung aussehen sollte? Die Antwort gibt's in Kapitel 2.

6. Sie sind sensibel und liefern, wie Redakteure es sich wünschen

„Wie hätten Sie es denn gerne?" Das muss die Frage sein, die Sie den Journalisten stellen. Ob als Fax, in der E-Mail, als E-Mail-Anhang, via Social Media oder per Post.

Kapitel 1
Was ist was?

7. Sie sind bestens informiert über Medium und Leserschaft

Deshalb passt Ihre Meldung hier wie die Faust aufs Auge. Sie wählen Thema und Headlines genau so, wie es dem Medium angemessen ist. Perfekt! Dann sind Sie auf der richtigen Spur.

8. Sie wissen, was das Wort „Zielgruppe" bedeutet

Bei Ihrer Pressemeldung haben Sie immer mindestens zwei Zielgruppen im Auge: Redakteur und Leserschaft des Mediums, in dem Sie veröffentlicht werden wollen.

9. Sie liefern Fakten – keine Werbung

Interessante Pressemitteilungen bieten Mehrwert. Redakteure achten hierauf penibel. Auch die Leser wollen Neues erfahren – und zwar möglichst auf den Punkt, spannend und fundiert.

Und, erkennen Sie sich wieder? Welche dieser Dinge machen Sie richtig?

....

....

....

....

....

Übrigens: Mehr über Dos und Don'ts in der PR lesen Sie in Ihrem E-Mail-Coaching.

Kapitel 1
Was ist was?

SGV Workbook: Pressearbeit einfach machen!

Schnell erklärt:
Wichtige Begriffe aus PR und Presse

Ein Texter sollte viele Textarten beherrschen: ganz egal, ob nun eine Pressemeldung oder eine Longcopy gefordert wird. Nichts leichter als das! Wenn man weiß, wie die einzelnen Medien ticken. Doch welche Spielregeln gelten bei der Pressearbeit?

PR vs. Marketing

PR steht kurz für „Public Relations", also Öffentlichkeitsarbeit. Und PR ist ein mächtiges Instrument, durch das Unternehmen beeinflussen können, wie die Öffentlichkeit sie wahrnimmt. Denn mittels PR kann Vertrauen in Produkte und (Dienst-)Leistungen aufgebaut werden.

Ganz klar: Damit beeinflussen Sie natürlich auch Akzeptanz und Nachfrage. Das klingt schon ziemlich nach Marketing. Trotzdem ist PR keine Werbung. Zumindest nicht direkt. Der Unterschied? Pressemitteilungen eines Unternehmens werden redaktionell vorgefiltert. Das heißt: Das Unternehmen liefert die Informationen, aber die Medien entscheiden eigenständig, ob und was davon veröffentlicht wird. Im Marketing liegt die Entscheidung, was wie wo erscheint, beim Unternehmen.

Jetzt denken Sie vielleicht: Der redaktionelle Filter allein soll schon der ganze Unterschied sein? Da haben Sie Recht. Es gibt natürlich noch einen weiteren: die Tonalität. Werblich im Marketing, journalistisch in der PR. Denn hier zählen Fakten – während im Marketing Meinungen und Ansichten durch das Unternehmen gefärbt sind und eine bestimmte Sichtweise „aufdrängen".

Öffentlichkeitsarbeit – eine Definition der Deutschen Public Relations Gesellschaft (DPRG):

Definition

„Öffentlichkeitsarbeit / Public Relations vermittelt Standpunkte und ermöglicht Orientierung, um den politischen, den wirtschaftlichen und den sozialen Handlungsraum von Personen oder Organisationen im Prozess öffentlicher Meinungsbildung zu schaffen und zu sichern."

 Mehr Infos unter www.dprg.de

Kapitel 1
Was ist was?

Was sind sie nun, die wichtigsten Aufgaben der Pressearbeit? Ganz vorne: PR soll informieren und Orientierung geben. Außerdem facht sie den Meinungsbildungs-Prozess an – denn alles, was an die Öffentlichkeit dringt, wird dort auch diskutiert. Neben diesen drei wesentlichsten Aufgaben, kann PR aber noch mehr:

- Sie kann Vertrauen schaffen und festigen.
- Sie kann Transparenz herstellen.
- Sie kann den Ruf Ihres Unternehmens oder Ihrer Marke verbessern.
- Sie kann Mitarbeiter motivieren.

Wichtige PR-Instrumente im Überblick

Meldungen verfassen, verschicken und schon PR-Profi? Falsch! Pressemitteilungen sind nur ein Teil aus dem Arsenal der Instrumente, die PR-Leute einsetzen, um Öffentlichkeit herzustellen. Deshalb hier einmal alle wichtigen PR-Instrumente in der Übersicht:

- Eins unter vielen, aber vielleicht das wichtigste Instrument: die **Pressemitteilung / -meldung** (Print und immer stärker auch online; abgekürzt: PM). Pressemitteilungen sind informative, spannende schriftliche Meldungen, die die Presse über Neuigkeiten informieren. Und wer schreibt Pressemitteilungen? Institutionen, Unternehmen, Agenturen.

- **Presseunterlagen oder Pressemappen**: Diese ergänzen Pressegespräche und Pressekonferenzen. Denn in den Unterlagen sind alle wichtigen Informationen noch einmal zusammengefasst (aktuelle Pressemitteilungen, Hintergrund-Materialien, Biografien, Produkt-Informationen, Bildmaterial). Ältere Presseunterlagen bieten Sie im besten Fall zusätzlich im Archiv Ihres Social-Media-Newsrooms an.

- **Online-Pressebereich / Social-Media-Newsroom**: Der Sammelpunkt für Pressemeldungen, Archiv und sonstige Online-Aktionen des Unternehmens. Immer mehr im Fokus: Social-Media-Plattformen wie Facebook, Google+, Xing, Twitter oder Youtube. Interessierte Journalisten finden hier zusätzliche Informationen, und Kunden können sich ein Bild vom Unternehmen machen.

Kapitel 1
Was ist was?

SGV Workbook: Pressearbeit einfach machen!

- **Pressekonferenz** (abgekürzt: PK): Hier gehen aktuelle Infos auf direktem Weg in die Öffentlichkeit. Fragen und Unklarheiten können sofort aus dem Weg geräumt werden – ein Vorteil gegenüber schriftlichen Pressemeldungen. Ähnlich schnell geht's sonst nur via Online-PR in den sozialen Netzwerken.

- **Fallstudien und Anwenderberichte**. Was spricht besser für Ihr Unternehmen als zufriedene Kunden? Und die präsentieren Sie der Öffentlichkeit mit Fallstudien. Fassen Sie einfach kurz zusammen, welchen Auftrag Ihr Kunde an Sie gestellt hat und wie Sie diesen gelöst haben. Ganz knapp, auf ein bis zwei DIN-A4-Seiten. Die Fallstudie veröffentlichen Sie entweder auf Ihrer Homepage oder schicken sie als Pressemeldung an Ihren Verteiler. Natürlich müssen Sie Ihren Kunden dabei mit ins Boot nehmen. Einfach freundlich um Erlaubnis fragen, ob Sie die Fallstudie veröffentlichen dürfen.

- **Eigenveröffentlichungen** nach außen und innen. Zum Beispiel: Geschäfts- und Quartalsberichte, Imagebroschüren, Kunden- und Mitarbeiterzeitschriften, Websites, Blogs, Twitter-Tweets und weitere Social-Media-Aktivitäten des Unternehmens.

- Platzierung von **Fachbeiträgen** und **Interviews** in relevanten und passenden (Fach-)Zeitschriften, Blogs etc.

- **Pressegespräch**: Ähnlich wie die Pressekonferenz, aber nur für einen ausgewählten Kreis. Hier gehen die Informationen direkt an die Journalisten. Das schafft Transparenz und Vertrauen, denn man zeigt sich bereit zum Dialog.

NOTIZEN

....

....

....

....

SGV VERLAG

Kapitel 1
Was ist was?

Ist der Erfolg von PR messbar oder: Was bringt's überhaupt?

Dos und Dont's sind klar. Was jetzt noch fehlt, ist der Sinn hinter den ganzen Aktionen. Bekanntheit schön, gut und sicher wichtig. Trotzdem interessieren sich viele mehr für die Frage: Bringen mir meine PR-Aktionen auch etwas für den Verkauf? Und wie kann ich das überprüfen? Wie Sie noch mehr Druck hinter Ihre Aktionen bringen und tatsächlich messen können, ob sich das Ganze gelohnt hat, erfahren Sie im folgenden Interview mit PR-Experte Jörg Forthmann.

Jörg Forthmann

Jörg Forthmann ist diplomierter Wirtschaftsingenieur und Geschäftsführer der Faktenkontor GmbH. Nach einer fundierten journalistischen Ausbildung arbeitete er als freier Journalist unter anderem für das Hamburger Abendblatt und als PR-Berater in Hamburg. Anschließend war er als Assistent des Pressesprechers in der Presse- und Öffentlichkeitsarbeit der Nestlé Deutschland AG tätig. Sein Arbeitsbereich umfasste die Unternehmens-, Marken- und Krisenkommunikation. Von 1999 bis 2002 leitete er die Unternehmenskommunikation der Mummert Consulting AG.

Seit Januar 2003 ist Jörg Forthmann geschäftsführender Gesellschafter der Faktenkontor GmbH und betreut 60 Kunden, darunter zahlreiche Dax-notierte Konzerne.

Experten-Interview

Herr Forthmann, eine Pressemeldung, die nicht gedruckt wird, bringt mir natürlich gar nichts. Was kann ich denn tun, damit die Abdruck-Chancen für meine Nachricht steigen?

Zunächst einmal ist eine gut überlegte Themenwahl wichtig. Deshalb sollten Sie immer vorher darüber nachdenken: Was passt in die Themenwelt meines Unternehmens? Was ist die Neuigkeit? Über was lohnt es sich zu berichten? Halten Sie sich in jedem Fall an folgende einfache Regel: Die Geschichte sollte in einem Satz erzählbar sein.

Neben den Themen ist aber auch der Schreib-Stil ein wichtiges Kriterium, das die Abdruck-Chancen Ihrer Meldung erhöhen kann. Auch hier gilt: Schreiben Sie so einfach wie möglich. Und: Bleiben Sie objektiv! Eine perfekte Pressemitteilung ist wie eine Zeitungsnachricht: spannend, informativ, gründlich recherchiert. Und vor allem befolgt sie alle Regeln des Journalismus. Erfüllt Ihre Pressemeldung all diese Kriterien, stehen die Chancen gut, dass Sie damit in den Zeitungen landen.

Kapitel 1
Was ist was?

Pressemeldungen dienen ja zunächst dazu, die Bekanntheit von Unternehmen zu steigern. Aber wie sieht's eigentlich mit dem Verkauf aus? Oder anders gesagt: Wie schreibe ich eine PR-Meldung, die nicht nach Verkauf klingt, aber trotzdem verkauft?

Für die sogenannte „vertriebsunterstützende PR" oder „Vertriebs-PR" gibt es ein Drei-Stufen-Modell. Auf Stufe eins definieren Sie, wo Sie mit Ihrer Akquise ansetzen können: Wer hat nennenswert Bedarf? Auf welche Weise ist er über den Vertrieb ansprechbar? Dazu gehören auch Informationen zu Marktpotenzial, Trends und Wettbewerbern.

Besonders wichtig: Sie müssen die Bedürfnisse Ihrer Kunden kennen. Denn nur so können Sie diese auch bedienen. Damit kommen wir auch schon zu Stufe zwei: Definieren Sie Ihre Zielgruppen und deren Interessen. Nach einer Zielgruppendefinition ist es viel einfacher, die Pressearbeit genau auf die Wünsche Ihrer Kunden zuzuschneiden.

Im dritten Schritt bauen Sie dann Kontakt zu potenziellen Kunden auf. Damit wird der Monolog zum Dialog, und Ihr Unternehmen tritt näher an den Kunden heran. Wie das geht? Provozieren Sie durch Ihre Pressearbeit konkrete Vertriebskontakte – sogenannte Leads – oder nutzen Sie Plattformen, auf denen Sie Ihre Kunden persönlich ansprechen können. Hierfür bietet sich zum Beispiel ein Social-Media-Newsroom ausgezeichnet an.

Kann man den Erfolg von PR-Arbeit denn messen? Schließlich muss man ja wissen, wofür man seine Meldungen schlussendlich schreibt.

Ja. Dass PR verkaufen hilft, ist heute in der Tat messbar. Die Reichweite Ihrer Pressemitteilungen lässt sich über sogenannte Clipping-Services kontrollieren. Diese durchsuchen verschiedene Medien nach Ihren Stichwörtern. Sie finden damit heraus, wo und wann Ihre Pressemeldung veröffentlicht wurde. Wenn Sie nun die Reichweite der jeweiligen Medien analysieren, können Sie herausfinden, wie viele Leser auf Ihr Thema aufmerksam geworden sind.

Das komplette Interview mit Jörg Forthmann lesen Sie in Ihrem E-Mail-Coaching.

Ran an den Text! Kapitel 2

So entsteht Ihre erfolgreiche PR-Meldung

Wer Pressemeldungen schreibt, muss zwei Dinge beachten. Zum einen gibt es formale Anforderungen, zum anderen folgt aber auch der Text selbst klaren Regeln. Welche das sind, erfahren Sie in diesem Kapitel ...

Kapitel 2
Ran an den Text!

SGV Workbook: Pressearbeit einfach machen!

Ran an den Text!
So entsteht Ihre erfolgreiche PR-Meldung

In Redaktionen laufen heute zwei Typen von Meldungen auf. Einmal die Meldung per Post: altbewährt und gut. Aber nicht schnell genug für die heutige Zeit. Und deshalb immer häufiger ersetzt durch die Pressemitteilung per E-Mail und / oder Link in den Online-Pressebereich des schreibenden Unternehmens.

Egal auf welchem Weg – bei der Pressemitteilung gibt es für Sie immer zwei Zielgruppen. Zuerst die Redaktion, dann aber auch die Leser der betreffenden Zeitung, Zeitschrift oder Webseite. Und beide müssen überzeugt werden. Was ist also lesenswert? Obwohl PR nicht gleich Marketing ist, müssen Sie hier ein wenig wie ein Verkäufer denken. Überlegen Sie sich, nach welchen Kriterien Meldungen ausgewählt werden. Sie wollen Ihre PR-Meldung einem Journalisten verkaufen. Also wecken Sie sein Interesse!

Hierbei sind zwei Zahlen wichtig. Zuerst bleiben Ihnen ca. 3 Sekunden. Das ist die Zeit, in der der Redakteur nur die Überschrift wahrnimmt. Klingt diese spannend oder informativ, auch die Unterüberschrift und ein bis zwei Sätze. Das heißt für Sie: Die ersten 5 Zeilen Ihrer Pressemeldung müssen überzeugen.

Ist das erste Interesse geweckt, haben Sie weitere 20 Sekunden. So lange dauert es oft nur, bis ein Text ausgewählt wird. Deshalb brauchen Sie einen korrekten Aufbau und eine überzeugende Einleitung.

Einfacher Tipp: Eine Pressemitteilung ist wie eine Zeitungsnachricht. Sie sollte gut recherchiert sein, spannend und informativ für die Leser – und auch für den Redakteur. Der möchte sie am liebsten so, dass er sie direkt verwenden kann. Deshalb achten Sie darauf, journalistisch zu schreiben, wenn's darum geht, in der Presse zu landen. Und so geht's:

Struktur ist Trumpf: Ihr PR-Meldung-Grundgerüst

Die Kopfzeile

Machen Sie gleich klar, worum es sich bei Ihrem Schreiben handelt. Über Ihrer Meldung steht deshalb in größerer Schrift der Hinweis:

> `Pressemitteilung` oder `Presse-Information`

! MERKE

Sie haben 3 Sekunden zum Überzeugen:

- Headline,
- Subline,
- die ersten 1-2 Sätze.

Kapitel 2
Ran an den Text!

Die Headline oder Überschrift

Ihre Headline oder Überschrift hat mit die wichtigste Funktion. Denken Sie an die 3 Sekunden. Denn wenn die Headline nicht wirkt, kann der Text Ihrer Pressemitteilung noch so schön sein – er wird vermutlich trotzdem nicht gelesen.

Deshalb: Die Headline muss schon etwas über den Inhalt verraten und neugierig machen. Überschriften haben immer eine Aussage. So kann ein Redakteur bereits beim Durchsehen seiner Post beurteilen, ob Ihre Information für seine Leser relevant ist. Vermeiden Sie hier unbedingt Fragen. Denn Fragen in der Überschrift sind in vielen Redaktionen verpönt: Die Zeitung soll schließlich Antworten liefern und informativen Mehrwert bieten.

Beispiele für Headlines:

```
Neptun-Therme: Erlebnisbad im Herzen von Musterstadt
eröffnet

Weihnachtsmarkt Musterstadt: Lässt Kinderherzen höher
schlagen

Web 3.0 im Trend: Die Technologie-Messe CoTec
informiert

Weiter auf dem Vormarsch - Zahl der Smartphone-Besitzer
wächst stetig

Das kleine Kino für unterwegs
```

> **TIPP**
>
> Möbeln Sie Ihre Headlines mit Sublines (untergeordneten Überschriften) auf. Das gibt Ihrem Einstieg ins Thema noch mehr „Biss".

Beispiel:

Headline: Unternehmensberatung für 26,90 Euro
Subline: Über 200 sofort anwendbare Expertentipps im Fachbuch „Marketing-Attacke"

Kapitel 2
Ran an den Text!

Die Kurzmeldung: Anreißer und Lückenfüller

Bei der Flut an Mitteilungen, die über Redakteure hereinbricht, bleibt keine Zeit, jede Meldung genau zu lesen. Unser Tipp: Schreiben Sie zusätzlich zur eigentlichen Mitteilung eine schnelle Meldung in Kurzform: das Lead oder Lead-in. Damit helfen Sie einerseits dem Redakteur, in der Masse einen schnellen Überblick zu gewinnen. Andererseits kann die Kurzmeldung genau die Chance für Ihre Pressemitteilung sein, auf zweitem Wege in die Zeitung zu rutschen. Denn Kurzmeldungen bieten sich bestens als Lückenfüller an. Und solche Füller benötigen Journalisten – die heute häufig mit Redaktionssystemen arbeiten – wenn gerade noch wenig Platz verfügbar ist.

> **! WICHTIG**
>
> Geben Sie unbedingt die Zeichenzahl Ihrer Pressemeldung und Kurzmeldung an (inklusive Leerzeichen).

Wenn Sie die Zeichenzahl angeben, machen Sie es dem Redakteur noch einfacher abzuschätzen, ob Ihre Meldung als Füller für einen „Leerraum" verwendet werden kann.

Die Kurzmeldung ist Ihr erster Absatz, also der Einstieg in den Langtext. Wie das Wort schon sagt: Kurz soll sie sein. Und prägnant. Und direkt ins Thema führen. Die wesentlichen Informationen bereits enthalten. Auf keinen Fall weitschweifig. Klingt schwierig? Keine Sorge, denn die sieben „W-Fragen" kommen Ihnen hier zur Hilfe. Anhand dieser einfachen Fragen schaffen Sie Struktur für Kurzmeldung und Langtext.

Mindestens die ersten vier dieser **sieben W-Fragen** müssen Sie in Ihrer Kurzmeldung beantworten:

> **! TIPP**
>
> Wann und wo haben Sie Ihre Meldung verfasst? Setzen Sie diese Info an den Anfang Ihrer Kurzmeldung (siehe Beispiel auf der nächsten Seite).

Wer?	→ Verursacher, Handelnder
Was?	→ Ereignis, Neuigkeit
Wo?	→ Ort
Wann?	→ Zeit
Wie?	→ Ablauf, Art und Weise
Warum?	→ Grund
Woher/Welche Quelle?	→ Quelle der Nachricht, wenn Sie Dritte zitieren

> **Zusatzfragen:**
>
> **Welche Folgen hat diese Information für die Betroffenen?**
> **Wie lange?**
> **Wen betrifft das?**

Ein Beispiel:

```
Musterhausen, 24.04.2012. Die digitale Welt wendet sich
neuen Märkten zu. Zwei besonders innovative Produkt-
bereiche werden von 12. bis 15. Juni zu den Haupt-
Anziehungspunkten der CoTec 2012 in Musterstadt gehören.
Apps für das Smartphone stehen dieses Jahr im Mittel-
punkt. Weiteres Highlight: die breite Funktionalität der
Tablet-PCs. Insgesamt sind nach Angaben des Veranstal-
ters CoCo auf der kommenden CoTec-Messe weit über 500
Aussteller aus 26 Nationen vertreten.
```

Formales

Wenn Sie Ihre Pressemeldung ausdrucken und per Post verschicken, muss diese einem klaren Aufbau folgen:

- Maximal 2 Seiten lang,
- einseitig beschrieben,
- ca. 60 Zeichen pro Zeile,
- mit breitem Rand
- und zweizeiligem Zeilenabstand für Korrekturen und Anmerkungen.

Außerdem sollte Ihr Meldung auch formal leicht auswertbar sein – Sie wissen ja, die Redakteure haben wenig Zeit. Gliedern Sie deshalb mit Zwischenüberschriften oder Marginalien, also kurzen Zusammenfassungen einzelner Absätze am Rand. Damit wird gleich klar, was Sie in dem jeweiligen Textabschnitt sagen.

Und wie lang soll das Ganze sein? Als Richtwert gelten 1.500 bis 2.000 Zeichen inklusive Leerzeichen. Will ein Redakteur mehr, fragt er nach. Das heißt für Sie: Vorbereitet sein – und Zusatzinformationen in der Schublade bereithalten.

Kapitel 2
Ran an den Text!

Fakten, Fakten, Fakten …

… das ist es, was Redaktion und Leser haben wollen. Also liefern Sie aktuelle Informationen, die einen Mehrwert bieten. Das kann einmal ein Beitrag zu Ihrem Unternehmen sein, das nächste Mal eine Ankündigung neuer Produkte und Dienstleistungen oder die Mitteilung zu wichtigen personellen Veränderungen. „Aktualität" ist hier das Zauberwort. Bieten Sie Fakten, kommen Sie schnell zur Sache und käuen Sie nicht längst vergangene Ereignisse wieder.

Und vor allem: Schicken Sie keine Produktwerbung. Journalisten wollen keine Werbung. Sie wollen übersichtlich strukturierte, anspruchsvolle, informative Meldungen und Gespräche mit kompetenten PR-Profis. Bieten Sie Wissenswertes – am besten mit konkreten Daten, Namen und Zahlen.

Wie sieht's mit der Sprache aus?

Bleiben Sie journalistisch! Vermeiden Sie die typisch werblichen Texttechniken wie Direktansprache oder starke Aufforderungen. Berichten Sie sachlich über das Ereignis und sparen Sie sich Hinweise auf die großartigen Erfolge Ihres Unternehmens.

Apropos Erfolgsgeschichten: Die müssen wirklich gut sein. Und Sie müssen sie wirklich gut erzählen. Wer sind die Macher des Erfolgs? Und von welchen Visionen werden sie geleitet? Die PR-Turbos auf den folgenden Seiten dienen Ihnen als Leitfaden. Wenn es darum geht, sich „kostenlose" Werbung zu erschleichen, kennen Journalisten keinen Spaß. Und sie können interessante Meldungen ganz genau davon unterscheiden.

Der Langtext

Das Gerüst für Ihre Meldung bieten wieder die sieben W-Fragen. In Ihrem Kurztext haben Sie die Meldung komprimiert. Jetzt haben Sie mehr Platz, Ihre Nachricht auszubreiten. Und dafür gibt's einen klaren Aufbau, an dem Sie sich orientieren können:

TIPP

Schreiben Sie in einer klaren Struktur. Faustregel:
Das Wichtigste zuerst – Unwichtiges nach unten.

So bauen Sie Ihre Meldung inhaltlich richtig auf:

- ☑ Die Headline ist das Erste, was der Leser sieht. Deshalb ist ganz klar: Sie muss neugierig machen, Nachrichtenfaktoren bedienen und Betroffenheit auslösen. Dabei soll sie aber bei den Fakten bleiben.

- ☑ Ereignis und Ergebnis im Einstieg – denn das ist das Wichtigste. Dabei wird die Meldung zuerst nach den W-Fragen abgehandelt.

- ☑ Im Mittelteil: nähere Erläuterungen. Hier werden die klassischen Ws ergänzt (Wer genau? Was genau ist geschehen? usw.) und es ist Platz für zusätzliche Details und Quellen.

- ☑ Und was steht am Ende? Hintergrundinfos und zusätzliche Statements von Zuschauern oder Betroffenen. Ganz einfach deshalb, damit Redakteure Ihre Pressemeldung schnell bearbeiten können. So können sie direkt von unten nach oben kürzen.

„Boilerplate" oder: Sagen Sie, wer Sie sind

Ganz am Schluss Ihrer Pressemitteilung steht der sogenannte Abbinder (Boilerplate). Dieser kurze Textblock enthält Informationen zu Ihrem Unternehmen. Einfach nach der Meldung einen neuen Absatz beginnen: „Die ABC AG ist …". In zwei bis drei kurzen Sätzen beschreiben Sie Ihr Unternehmen. Und auch hier gilt: Fakten ja, Werbung nein.

Mehr zu diesem Thema lesen Sie in Ihrem E-Mail-Coaching. Und üben, üben, üben ...

Kontaktinfos und Ansprechpartner – bleiben Sie erreichbar

Fast geschafft! Für den Abschwung sollten Sie folgende wichtige Regel beachten: Halten Sie Kontakt zur Redaktion und bleiben Sie erreichbar. Deshalb nennen Sie Ihre Kontakt-Informationen und den Ansprechpartner am Ende Ihrer Meldung. So muss der zuständige Redakteur bei Rückfragen nicht lange suchen. Am besten bieten Sie direkt weitere Infos an und bitten auch gleich um eine Nachricht, falls sich die Zuständigkeit oder der Ansprechpartner innerhalb der Redaktion ändern.

Kapitel 2
Ran an den Text!

Turbos für Ihre Pressemeldung: Betroffenheit und Nachrichtenfaktoren

Nachdem der „Formalkram" abgehakt ist, geht es jetzt um die Frage: Wie kommen Sie mit Ihrer Meldung in Kopf, Herz und schließlich in das Medium des Redakteurs? Es gibt mehrere Möglichkeiten, die Ihnen beim „Verkauf" Ihrer Story helfen.

Betroffenheit ist immer gut!

Eine gute Geschichte macht betroffen. Darum sollten Sie sich immer fragen: „Löst meine Meldung Betroffenheit aus?" Wenn nicht, dann ändern Sie das. Und so geht's:

1. Emotionale Betroffenheit

Gefühle leiten Menschen – und Sie sollen die Gefühle leiten. Suchen Sie nach Möglichkeiten, Emotionen zu wecken. Durch Handlung, Handelnde oder Betroffene. Durch Sex, Crime oder Drama. Durch Kinder. Durch Tiere. Ihre Meldung soll spannend, lustig, traurig, erschreckend, verblüffend sein. Dann macht sie emotional betroffen.

2. Fachliche Betroffenheit

Lustige Tiere haben in Ihrer Meldung einfach keinen Platz? Macht nichts. Dann erzeugen Sie fachliche Betroffenheit. Speziell im B2B-Bereich natürlich hervorragend geeignet, aber auch für Privatmenschen ein probates Mittel, um Interesse zu wecken. Durch den besonderen „Fleck-weg-Trick", durch ein neues technisches Verfahren usw.

3. Persönliche Betroffenheit

Wenn Sie es schaffen, dass der Leser sich fragt „Was bedeutet das für mich?", haben Sie persönliche Betroffenheit ausgelöst. Deutlich wird's am Beispiel: Berichtet eine Pressemeldung von Budgetkürzungen im Schuletat, bedeutet das für den Leser, dass er zusätzliche Bücher für seine Kinder kaufen muss. Oder: Die Regierung beschließt, weitere Steuern einzuführen. Frage im Kopf des Lesers: „Was bedeutet das für mich?"

SGV Workbook: Pressearbeit einfach machen!

Kapitel 2
Ran an den Text!

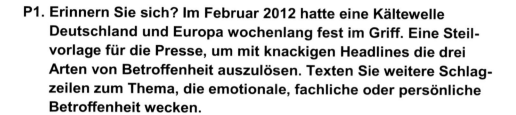

P1. Erinnern Sie sich? Im Februar 2012 hatte eine Kältewelle Deutschland und Europa wochenlang fest im Griff. Eine Steilvorlage für die Presse, um mit knackigen Headlines die drei Arten von Betroffenheit auszulösen. Texten Sie weitere Schlagzeilen zum Thema, die emotionale, fachliche oder persönliche Betroffenheit wecken.

Emotionale Betroffenheit:

`Sibirisches Hoch „Cooper": Erste Kältetote in Deutschland` (spiegel.de)

Fachliche Betroffenheit:

`„Sibirische Kälte": Chill-Faktor drückt Temperaturen zusätzlich` (newscentral.de)

Persönliche Betroffenheit:

`Kältewelle verknappt Stromversorgung in Deutschland` (welt.de)

Hinweis: Die Praxisaufgaben sind als P1 bis P8 nummeriert. Die Wissensfragen (ab Seite 88) folgen der Nummerierung W1 bis W8.

Die Musterlösungen zu beiden Aufgabentypen finden Sie ab Seite 91 in diesem Workbook.

PRAXIS

Nun geht es an Ihre eigenen Meldungen. Überlegen Sie: Welche Arten von Betroffenheit können Nachrichten aus Ihrem Haus auslösen? Am besten schreiben Sie zunächst mal 5 Themen „echter" PR-Meldungen auf. Vielleicht auch schon die 5 Headlines Ihrer letzten Nachrichten. Und dann überlegen Sie zu jeder Meldung: Welche Betroffenheit hätte dadurch ausgelöst werden können? (Übrigens: Ein und dieselbe Nachricht kann mehrere Arten von Betroffenheit auslösen.)

Kapitel 2
Ran an den Text!

Zauberwort „Nachrichtenfaktoren"

Klingt nicht magisch, meinen Sie? Da haben Sie Recht. Trotzdem können die Nachrichtenfaktoren Ihnen auf zauberhafte Weise die Türen in die Presse öffnen. Denn sie machen Meldungen interessant – für Redakteure und Leser. Je mehr dieser Faktoren Sie in Ihrer Pressemitteilung stimulieren, desto größer ist die Chance, in der Zeitung zu landen statt im Papierkorb.

Zehn Nachrichtenfaktoren gibt es. Und zwei davon sind besonders wichtig. Ohne die Faktoren „Aktualität" und „Nähe" wird aus Ihrer Meldung keine Nachricht. Im Klartext heißt das: Zeitliche, räumliche oder psychologische Nähe muss unbedingt gegeben sein.

Alle Nachrichtenfaktoren auf einen Blick:

- Aktualität
- Nähe
- Human Interest (Menschlichkeit und Gefühl / „Human Touch")
- Prominenz / öffentliche Bedeutung
- Action und Drama
- Sex / Liebe
- Folgenschwere
- Konflikt
- Fortschritt
- Originalität / Kuriosität (Beispiel: Ein deutscher Mobilfunk-Discounter verkaufte 2009 für einen Tag an ausgesuchten Tankstellen den Liter Benzin zum gleichen Preis wie seine Gesprächsminuten: 9 Cent.)

Eine Checkliste zum Ausdrucken und Abhaken erhalten Sie ganz bequem über Ihr E-Mail-Coaching.

Probieren Sie hier ruhig aus und spielen Sie ein bisschen mit Ihren Themen. Je mehr Betroffenheit entsteht und je mehr Nachrichtenfaktoren bedient werden, desto besser. Irgendwann haben Sie Ihre Nachricht so gedreht, dass Sie genau das erreichen.

Kapitel 2
Ran an den Text!

SGV Workbook: Pressearbeit einfach machen!

PRAXIS

P2. Hier sehen Sie zwei Meldungen aus der Zeitung. Ordnen Sie zu: Welche Nachrichtenfaktoren werden hier bedient?

Rekord-Lottogewinn in spanischem Dorf
Der Mann ohne Los

Die 250 Einwohner des spanischen Dorfes Sodeto sahnten bei der Weihnachtslotterie "El Gordo" mehr als hundert Millionen Euro ab. Nur einer ging leer aus: der 42-Jährige Costis Mitsotakis. Er hatte als Einziger kein Los gekauft. Trotzdem ist auch er jetzt irgendwie ein Gewinner.
(spiegel.de)

....

....

....

....

Verkehrssünderkartei
Ramsauer reformiert Punkte-Datei Flensburg

Das Verkehrssünderregister soll radikal vereinfacht werden: Auch für schwere Verstöße soll es höchstens zwei Punkte geben, der Führerschein könnte dafür früher weg sein.
(zeit.de)

....

....

....

....

Kapitel 2
Ran an den Text!

Der Rohtext steht – jetzt wird er perfekt: Redigieren mit System

Nur ganz selten gelingt der druckreife Text „auf den ersten Wurf". Deshalb zielen auch PR-Profis meist nicht sofort auf den Reintext. Denn Texten ist ein Prozess! Und hier steht der Rohtext am Anfang. Ein Text, der noch lange nicht druckreif ist. Aber wie geht's dann weiter? Die klaren Schritte zum Reintext beschreibt ein Redigiersystem.

„Redigieren" nennt man das strukturierte Bearbeiten vom Rohtext zum Reintext. Und so geht's: Steht der Rohtext Ihrer PR-Meldung erst einmal, arbeiten Sie einfach die folgenden Schritte des Redigiersystems ab. So optimieren Sie Ihren Text strukturiert und einfach. Und verpassen Ihrer Meldung den letzten Schliff.

In der Übersicht: Texten ist ein Prozess

Jeder Pfeil steht für einen Redigierschritt. Ganz systematisch kürzen wir so Sätze und Wörter, tauschen Begriffe aus, optimieren einzelne Formulierungen usw. Und zum Schluss kommt dann natürlich noch die „echte" Rechtschreib-Korrektur.

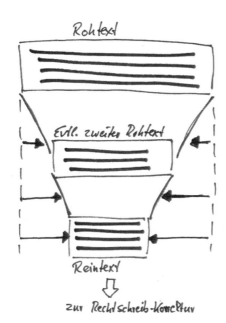

Kapitel 2
Ran an den Text!

SGV Workbook: Pressearbeit einfach machen!

Die Redigierschritte

Hier sind 9 Texter-Tricks, mit denen Sie Ihrer Meldung den letzten Schliff verpassen. Einfach der Reihe nach durcharbeiten. So kommen Sie Schritt für Schritt und strukturiert zum Ziel: der perfekt redigierten Pressemeldung. Los geht's …

Text-Trick Nr. 1: Markieren Sie zu lange Sätze!

Steht Ihr Textentwurf, sollten Sie ihn kritisch überarbeiten: Kurze, einfache Sätze sind am schnellsten auswertbar. Einen Anhaltspunkt in Sachen Satzlänge gibt uns die dpa: Für die Deutsche Presse-Agentur liegt die Obergrenze der optimalen Verständlichkeit bei 9, die Obergrenze für gesprochene Texte bei maximal 14 Wörtern pro Satz. Auch bei Ihrer Meldung sollten Sie sich an dieser Marke orientieren. Praktische Schreibregel für den Alltag: Ihre Sätze sollten nicht länger als 14-20 Wörter sein.

Die Praxis: Unterringeln Sie jeden Satz mit mehr als 14 Wörtern. Danach teilen Sie die markierten Sätze in zwei oder mehrere Einheiten. Ein Satz lässt sich einfach nicht aufspalten? Macht nichts. Ab und zu dürfen längere Sätze ruhig stehen bleiben.

> Unterringeln Sie alle Sätze blau, die länger sind als 14 Wörter:
>
> Text Text Text
> ~~~~~~~~

Text-Trick Nr. 2: Kontrollieren Sie Wortlängen!

Wortmonster ade! Etwa 5 bis 6 Silben können wir bei einer Schriftgröße von 12 pt mit einem Augenhaltepunkt (fachsprachlich „Fixation") erfassen. Das heißt für Sie: Machen Sie es dem Leser leicht – und verzichten Sie auf zu lange Wörter.

Ihr nächster Redigier-Schritt: Kennzeichnen Sie alle 5-silbigen und längeren Wörter mit kleinen Fähnchen. Dann umschreiben Sie die Begriffe mithilfe des Genitivs („Buchhändlermesseauftritt" wird zu „Messeauftritt der Buchhändler") oder teilen sie durch einen Bindestrich („Buchhändler-Messeauftritt").

> Kennzeichnen Sie lange Wörter mit zwei roten Fähnchen:
>
> ⚑TextTextText⚐

PRAXIS

P3. Noch mehr Wortmonster, die mittels Bindestrich gezähmt werden wollen:

Vorgängergesellschaft → ....

Feierabendverkehrsdichte → ....

Endloswarteschleifenmusik → ....

Kapitel 2
Ran an den Text!

Text-Trick Nr. 3: Jagen Sie Fremd- und Modewörter!

Beim Schnelllesen kommt nur an, was Ihr Leser einfach versteht. Gleiches gilt, wenn wir nicht konzentriert lesen. Also muss Ihr PR-Text mühelos im Gehirn Ihres Lesers landen – bis er dort Interesse auslöst. Nun schalten wir unser Gehirn auf „Empfang". Jetzt lesen wir konzentriert. Jetzt erst kommt Kompliziertes an. Jetzt lassen wir uns in den Langtext verwickeln.

Deshalb: Halten Sie Ihren Text verständlich. Und kennzeichnen Sie alles, was Ihr Leser nicht mühelos versteht („Data-Splitter XPS", „Ankle Boots"), mit einem roten Kästchen. Prüfen Sie nun für jedes Kästchen, ob es sich nicht durch ein anderes, gebräuchliches Wort ersetzen lässt. Klar ist, dass Sie Fachbegriffe nutzen müssen, schließlich geht's um die korrekte Wiedergabe der Fakten. Doch überlegen Sie einen Moment: Wer ist mein Leser? Unter Umständen führen Sie Fachbegriffe behutsam ein und liefern eine Erklärung dazu.

> Kennzeichnen Sie alle ungebräuchlichen Begriffe mit einem roten Kästchen:
>
> Hrrdlbrmpfft

Text-Trick Nr. 4: Streichen Sie Personalpronomen!

In der werblichen Kommunikation nicht wegzudenken: die persönliche Ansprache durch Personalpronomen. „Sie", „Ihnen" oder „Ihr" gehören hier zum guten Ton und bringen das Produkt näher zum Kunden. In der Pressemeldung aber völlig fehl am Platz. Ein Trick für Ihre Meldung: Hier kommt statt Personalpronomen das Indefinitpronomen „man" häufiger zum Einsatz. Oder Sie weichen ins Passiv aus. Warum? Es klingt sachlicher, weil es die Allgemeinheit anspricht, keine bestimmte Person.

In diesem Redigier-Schritt kennzeichnen Sie alle Personalpronomen mit einem roten Kreis. Überlegen Sie: Wo können Sie durch eine „neutrale" Formulierung ersetzen?

> Markieren Sie Personalpronomen mit einem roten Kreis:
>
> Text Text Text

PRAXIS

P4. „Übersetzen" Sie in eine neutrale Formulierung:

```
Diese Accessoires sind ein absolutes Muss für Ihren
Kleiderschrank!
```

....

```
Wir, die BauFit AG, erledigen vom Trockenbau bis hin zu
Malerarbeiten alle Ihre Projekte.
```

....

Kapitel 2
Ran an den Text!

SGV Workbook: Pressearbeit einfach machen!

Text-Trick Nr. 5: Raus mit direkten Aufforderungen!

Ein weiteres Kennzeichen werblicher Texte ist in Ihren Pressetexten fehl am Platz: die direkte Aufforderung. Eine Meldung will informieren und keine Handlung oder den direkten Kauf auslösen. Zumindest nicht sofort. Journalisten haben eine feine Nase, ob es nun um eine interessante Meldung geht oder ob ein Unternehmen versucht, sich kostenlose Werbung zu erschleichen. Raus also mit Formulierungen à la „Bestellen Sie jetzt"!

Ihr Symbol für diesen Redigierschritt: Mit einem Schrägstrich durch das Ausrufezeichen machen Sie direkte Aufforderungen kenntlich.

Markieren Sie alle Ausrufezeichen. Ihr Redigiersymbol:

Text! Text!

Text-Trick Nr. 6: Streichen Sie Hilfsverben!

Modale Hilfsverben erzeugen kein Bild im Kopf des Lesers. Und sie machen Ihren Text langsam, denn sie bringen den lebendigen Teil, das Verb, ans Ende des Satzes: „... möchte die Agentur eine neue Personalie vorstellen." In den meisten Fällen lassen sich diese Hilfsverben einfach streichen. Und schon werden Ihre Sätze klarer und aktiver. Ausnahme: Wenn wir Hilfsverben benutzen, um eine Aussage zu relativieren oder Möglichkeiten zu beschreiben. So versprechen Banken keine Rendite von 10 %, sondern ein Produkt, mit dem Sie 10 % Rendite erzielen *können*.

Ihr Redigiersymbol, um Hilfsverben aus Ihrem Text zu verbannen oder im ersten Schritt zumindest zu kennzeichnen: ein grünes X.

Streichen Sie Hilfsverben mit einem grünen X:

Text Text

PRAXIS

P5. Streichen Sie Hilfsverben und machen Sie die Sätze so schneller.

Die Referenten möchten umfassende Einblicke gewähren und können sich dabei auf ihre fachliche Expertise berufen.

....

Sollte es innerhalb von 14 Tagen keine Rückmeldung geben, würde das Programm automatisch beendet werden.

....

Text-Trick Nr. 7: Bekämpfen Sie Hauptwortstilmonster

„Die Verordnung über die Aufbringung und Gewährung von Beihilfen zur Abdeckung von Erlösminderungen ..." Stopp!, denkt Ihr Gehirn. Und das ganz zu Recht: Trockener und umständlicher geht's nun wirklich nicht. Schon ist der potenzielle Leser auf und davon. Denn Wörter, die auf *-ung, -keit, -heit, -ät, -ion, -ive, -ik* oder *-ismus* enden, signalisieren: Hier versteckt sich vielleicht ein sehr abstraktes und damit bildleeres Substantiv.

Ihr Symbol für diesen Redigier-Schritt: ein blauer Strich. Für die so markierten abstrakten Substantive finden Sie meistens ein besseres, bildhafteres Wort! Oft hilft auch einfach eine Umschreibung weiter. Für einen lebendigen und schnellen Text, der Spaß macht, gilt: Meiden Sie den Nominalstil. Verwenden Sie Substantive, die konkrete Bilder abrufen und setzen Sie auf aktive Verben. So wird aus „... haben Kunden optimalen Versicherungsschutz" ein „... sind Kunden bestens versichert".

> Unterstreichen Sie bildleere Hauptwörter mit einem blauen Strich:
>
> TextText

Text-Trick Nr. 8: Formulieren Sie positiv!

Dieser Redigierschritt klingt zunächst werblich, hat aber auch in der Pressemeldung seinen Sinn. Gerade wenn es um Krisen geht, ist es wichtig, den Text auf ungewollte negative Assoziationen zu kontrollieren. Formulieren Sie positiv, um positive Bilder im Kopf des Lesers abzurufen. Überlegen Sie doch mal: Mit „kein Problem" oder „kein Risiko" steht Ihrem Leser eine problematische oder gar riskante Situation vor Augen. Und wenn Sie die nicht zeigen wollen, brauchen Sie eine andere Formulierung. Also zum Beispiel „einfach" oder „sicher".

> Kennzeichnen Sie negative Begriffe wie „kein", „nicht" und die Vorsilbe „un-" mit einem grünen Blitz:
>
> TextText

Andere Möglichkeit: Sie verwenden zusammengesetzte Wörter wie „gefahrlos" oder „risikofrei". Hier lässt sich der positive Wortsinn schnell erkennen. Allerdings sollten solche Formulierungen nur dann stehen bleiben, wenn Sie die Gefahr oder das Risiko bewusst zeigen wollen.

Die Redigier-Praxis: Kennzeichnen Sie negative Begriffe wie „kein", „Problem" und die Vorsilbe „un-" mit einem grünen Blitz.

PRAXIS

P6. Formulieren Sie positiv!

unkompliziert → ....   sorgenfrei → ....

ohne Zweifel → ....   nicht schwer → ....

Kapitel 2
Ran an den Text!

SGV Workbook: Pressearbeit einfach machen!

Text-Trick Nr. 9: **Achten Sie auf sprachliche Entgleisungen und Unwörter!**

Viele Unternehmen definieren ganz genau, wie sie ihre Angebote kommunizieren und auf ihre Zielgruppe wirken möchten. Das gilt natürlich vor allem für den Bereich Marketing. Aber auch bei der Darstellung in der Presse muss klar sein, wie dieses „Bild" in der Sprache umgesetzt wird. So muss man eigentlich für jedes Unternehmen schriftliche Standards wie auch absolute No-gos definieren, das heißt all die sprachlichen Fehlgriffe, die „nicht gehen".

Dazu zählen z. B. abgedroschene Floskeln, Worthülsen und negativ besetzte Wörter. Und die schleichen sich nur allzu leicht ein! Es gibt Unternehmen, deren Produkte oder Leistungen allesamt „praktisch", „aktuell" und „innovativ" sind. Und in jedem Text werden diese Worthülsen gebetsmühlenartig wiederholt.

In diesem Redigierschritt kennzeichnen Sie alle Worthülsen und No-gos mit einer gezackten Linie. Überlegen Sie: Was ist mit diesen Begriffen gemeint? Es lohnt sich, einmal darüber nachzudenken. Oft sorgen neue Definitionen oder das Hinterfragen solcher Hülsen für frischen Wind im Text.

> Ihr Redigiersymbol für No-gos: eine gezackte blaue Linie.
>
> TextText
> ~~~~~~

PRAXIS

P7. Übersetzen Sie die Worthülse „aktuell". Wie kann man noch dazu sagen? Finden Sie mindestens 3 Alternativen.

....

....

....

....

SGV VERLAG

Ganz grundsätzlich: Auch wenn Sie in Ihren Texten viel markieren, denken Sie daran:

1. Was Sie mit dem Redigiersystem in Ihren Texten kennzeichnen, ist nicht falsch. Kein Grund für Frust. Es zeigt lediglich Optimierungs-Chancen auf und will Sie genau dafür sensibilisieren.

2. Das System zeigt, an welchen Stellen es noch besser geht. Kennzeichnen Sie alles. Auch wenn Sie am Schluss entscheiden, den einen oder anderen Punkt, so wie er ist, stehen zu lassen.

Natürlich hat beim Redigieren nur einer das letzte Wort: Sie! Denn den einzig richtigen Weg zu texten gibt es nicht. Sonst klängen alle Texte gleich. Denken Sie also daran: Nichts, was Sie hier lesen, ist in Stein gemeißelt.

Übrigens sind dieses Redigiersystem und die Kennzeichnung von Stefan Gottschling seit vielen Jahren praxiserprobt. Die „Trickkiste" fasst bewährte Regeln verständlichen Schreibens in ein System und professionalisiert den Schreibprozess. Trotzdem gilt: Nur wer die Regeln kennt, kann sie bewusst brechen.

Üben, üben, üben – damit Ihr Redigiersystem „sitzt"

Übung macht den Meister. Damit das Redigiersystem möglichst schnell sitzt, testen Sie die einzelnen Texter-Tricks direkt an der folgenden Beispiel-Pressemeldung. Es ist natürlich ein „extremes" Beispiel, bei dem Sie schnell fündig werden. Die Redigierschritte sollen sich schließlich einprägen.

Und danach? Redigieren Sie einige „echte" Pressemeldungen. Dann sehen Sie sofort, wo Ihr System wirkt. Und wo es besser ist, eine Formulierung stehen zu lassen. Also: Los geht's! Stift zücken und auf der übernächsten Seite gleich loslegen …

Kapitel 2
Ran an den Text!

Zusammenfassung: Checkliste Redigieren

1. Markieren Sie zu lange Sätze!
Unterringeln Sie Sätze mit mehr als 14 Wörtern.

2. Kontrollieren Sie Wortlängen!
Kennzeichnen Sie Wörter, die 5 oder mehr Silben haben.

3. Jagen Sie Fremd- und Modewörter!
Markieren Sie alle Begriffe, die Ihre Zielgruppe nicht mühelos versteht.

4. Bleiben Sie sachlich – streichen Sie Personalpronomen!
Kennzeichnen Sie Direktansprache und sonstige werbliche Techniken.

5. Streichen Sie direkte Aufforderungen!
Kennzeichnen Sie jedes Ausrufezeichen.

6. Streichen Sie Hilfsverben!
(*können, möchten, müssen, dürfen, wollen, sollen, würden*)

7. Bekämpfen Sie Hauptwortstilmonster!
Unterstreichen Sie Wörter, die mit *-ung, -keit, -heit, -ät, -ion, -ive* oder *-ismus* enden.

8. Formulieren Sie positiv!
Kennzeichnen Sie Negatives und ersetzen Sie durch positive Begriffe.

9. Achten Sie auf sprachliche Entgleisungen und Unwörter!
Markieren Sie Floskeln, Worthülsen und negativ besetzte Wörter.

Kapitel 2
Ran an den Text!

SGV Workbook: Pressearbeit einfach machen!

PRAXIS

Nun wenden Sie die Redigierschritte an, die Sie auf den letzten Seiten kennengelernt haben. Markieren Sie alle Schwächen im Text, die Ihnen auffallen. Die Lösung finden Sie auf der nächsten Seite.

AVISO Thermal-Save: Thermoregulation und Schutz

Auf der C+C in Hamburg hat AVISO seine neueste Innovation vorgestellt: AVISO Thermal-Save RF, ein adaptives Sicherheitsprodukt mit dualen thermoregulativen Funktionseigenschaften, das Sie bei großer Hitze effizient schützt. Auch das neue Produkt verfügt über die bewährte thermoregulative Leistung der AVISO Thermal-Save-Produktreihe. Darüber hinaus weist es inhärente flammhemmende Eigenschaften auf. Speziell entwickelt für Bekleidungsanwendungen mit besonderen Sicherheitsanforderungen. Ohne Kompromisse an Komfort, Weichheit, modischen Schick oder Alltagstauglichkeit des Endprodukts – also perfekt gebalanced. AVISO möchte hier einen neuen Meilenstein in Sachen Sicherheitsbekleidung setzen.

Anspruchsvolle und potenziell gefährliche Jobs erfordern eine adäquate Bekleidung, die bei der täglichen Arbeit gegen Risiken wie z. B. Flammen schützt. Diese soll trotzdem bequem genug sein, dass Sie sich voll und ganz auf Ihre Aufgaben fokussieren können. AVISO Thermal-Save-Bekleidung ist für ihre ausgezeichneten, thermoregulativen Eigenschaften bekannt. Und auch das neue RF-Produkt ist schwer entflammbar. Probieren Sie es selbst! Sicherheitsnormen ohne Abstriche beim Tragekomfort und Entflammbarkeitsstandards einschließlich DIN EN ISO 14116 sind gewährleistet. Durch den inhärenten Einbau der flammhemmenden Komponente in das Filament können die Schutzeigenschaften nicht ausgewaschen werden. Potenziell schädliche Ausrüstungen zur Erzielung eines flammhemmenden Effektes sind nicht notwendig.

Hochwertige Bekleidung mit AVISO Thermal-Save RF soll langlebig sein und eine Kombination aus Komfort und adaptiver, dualer Thermoregulation bieten, die mit dem Träger interagiert. Jeder Stoff ist von AVISO geprüft und wird gemäß den strengen Qualitätsanforderungen zertifiziert. Die leichten und atmungsaktiven AVISO Thermal-Save-RF-Stoffe helfen, den Träger während der gesamten Zeitspanne seiner gefährlichen Tätigkeit zu schützen und bieten ihm thermoregulative Vorteile. Durch die besseren Leistungseigenschaften können Sie sich auf das konzentrieren, was in Ihrem Job wichtig ist. Die perfekte Kleidung für potenziell gefährliche Jobs: Kaufen!

Weitere Informationen können unter www.aviso.net gefunden werden. Schauen Sie vorbei!

Kapitel 2
Ran an den Text!

SGV Workbook: Pressearbeit einfach machen!

Wie viele Optimierungs-Chancen im Text haben Sie gefunden? Hier kommt die Auflösung:

AVISO Thermal-Save: Thermoregulation und Schutz

Auf der C+C in Hamburg hat AVISO seine neueste Innovation vorgestellt: AVISO Thermal-Save RF, ein adaptives Sicherheitsprodukt mit dualen thermoregulativen Funktionseigenschaften, das Sie bei großer Hitze effizient schützt. Auch das neue Produkt verfügt über die bewährte thermoregulative Leistung der AVISO Thermal-Save-Produktreihe. Darüber hinaus weist es inhärente flammhemmende Eigenschaften auf. Speziell entwickelt für Bekleidungsanwendungen mit besonderen Sicherheitsanforderungen. Ohne Kompromisse an Komfort, Weichheit, modischen Schick oder Alltagstauglichkeit des Endprodukts - also perfekt gebalanced. AVISO möchte hier einen neuen Meilenstein in Sachen Sicherheitsbekleidung setzen.

Anspruchsvolle und potenziell gefährliche Jobs erfordern eine adäquate Bekleidung, die bei der täglichen Arbeit gegen Risiken wie z. B. Flammen schützt. Diese soll trotzdem bequem genug sein, dass Sie sich voll und ganz auf Ihre Aufgaben fokussieren können. AVISO Thermal-Save-Bekleidung ist für ihre ausgezeichneten, thermoregulativen Eigenschaften bekannt. Und auch das neue RF-Produkt ist schwer entflammbar. Probieren Sie es selbst, Sicherheitsnormen ohne Abstriche beim Tragekomfort und Entflammbarkeitsstandards einschließlich DIN EN ISO 14116 sind gewährleistet. Durch den inhärenten Einbau der flammhemmenden Komponente in das Filament können die Schutzeigenschaften nicht ausgewaschen werden. Potenziell schädliche Ausrüstungen zur Erzielung eines flammhemmenden Effektes sind nicht notwendig.

Hochwertige Bekleidung mit AVISO Thermal-Save RF soll langlebig sein und eine Kombination aus Komfort und adaptiver, dualer Thermoregulation bieten, die mit dem Träger interagiert. Jeder Stoff ist von AVISO geprüft und wird gemäß den strengen Qualitätsanforderungen zertifiziert. Die leichten und atmungsaktiven AVISO Thermal-Save-RF-Stoffe helfen, den Träger während der gesamten Zeitspanne seiner gefährlichen Tätigkeit zu schützen und bieten ihm thermoregulative Vorteile. Durch die besseren Leistungseigenschaften können Sie sich auf das konzentrieren, was in Ihrem Job wichtig ist. Die perfekte Kleidung für potenziell gefährliche Jobs: Kaufen!

Weitere Informationen können unter www.aviso.net gefunden werden. Schauen Sie vorbei!

Wie sieht eine gute Pressemeldung heute aus?

Sabine vom Stein

Mit mehr als 20 Jahren Berufserfahrung gehört Sabine vom Stein zu den alten Hasen der PR-Branche. Nach langjähriger journalistischer Tätigkeit und einem Zeitungsvolontariat bei der WAZ-Gruppe beriet die 46-Jährige rund zehn Jahre lang Unternehmen, Verbände und Ministerien bei der Düsseldorfer PR-Agentur Kohtes & Klewes. 2006 machte sich vom Stein selbstständig.

vom stein. agentur für public relations bedient die gesamte Bandbreite der Public Relations und betreut namhafte Unternehmen. Seit ihrer Gründung wurde die Agentur bereits mehrfach ausgezeichnet: 2008 und 2011 mit dem Eurojuris Award für herausragende Kanzlei-PR sowie 2010 mit dem Best Text Award.

Experten-Interview

Frau vom Stein, als Inhaberin einer Agentur für Public Relations haben Sie sicher den Überblick über den Wandel der Pressearbeit. Wie sieht heute eine gelungene Pressemitteilung aus? Welche formalen Kriterien sollte man einhalten?

Grundsätzlich hat sich an den Regeln wenig geändert. Unsere Agentur befolgt die klassischen zehn goldenen Regeln der Pressemitteilung:

1. Eine Pressemitteilung braucht per definitionem einen thematischen Aufhänger, eine Neuigkeit und einen aktuellen Anlass. Diese Kriterien sind dafür verantwortlich, ob und mit welchem Medieninteresse der PM-Absender rechnen kann.

2. Die PM sollte nicht mit Nebenthemen überfrachtet werden.

3. Formal steht am Anfang einer PM die Beantwortung der klassischen W-Fragen: Wer? Was? Wann? Wo? Wie/Warum? Welche Quelle?

4. Im Aufbau ist eine PM von hinten kürzbar. Das bedeutet, das Wichtigste steht am Anfang, das Unwichtigste am Schluss.

5. Der gute Texter trennt zwischen Nachricht und Kommentar.

6. Aus den Zeiten des Bleisatzes überliefert sind Seitenränder von ca. drei Zentimetern, ein Zeilenabstand von 1,5 Zeilen und natürlich die einseitige Bedruckung.

7. Außerdem sollte jeder PR-Texter die journalistischen Konventionen beherrschen: Keine Wörter in Versalien schreiben (auch nicht die Unternehmensnamen), auf Anreden, wie Herr / Frau, verzich-

ten, stattdessen Vor- und Zunamen nennen, keine Abkürzungen oder Zeichen für Prozent, Euro etc. verwenden.

8. Stilistisch gilt: Schreibe einfach, vermeide Bandwurmsätze, Fremdwörter und Substantivierungen, formuliere aktiv statt passiv.
9. An das Ende einer PM gehört ein Boilerplate, das die Positionierung des Unternehmens / Absenders kurz auf den Punkt bringt.
10. Darunter steht der Pressekontakt für Rückfragen.

Gibt es absolute No-gos in Sachen Pressemitteilung?

No-gos bestehen zum Beispiel darin, das Instrument der PM zu missbrauchen, um eine Null-Nachricht in die Welt zu schicken. Dadurch verprellt der so agierende PR-Redakteur mittelfristig seine Kontakte. Parallel beschädigt er den Ruf seines Kunden, dessen Name mit schlechter PR in Verbindung gebracht wird.

Abzuraten ist zudem von Schleichwerbung und dem Versuch, den Abdruck einer PM durch eine begleitende Anzeigenschaltung zu erzwingen. Es gibt zwar immer wieder – etwa in der Fachpresse – sogenannte Kopplungsgeschäfte. Hier ist aber äußerstes Fingerspitzengefühl erforderlich, um den Medienkontakt nicht zu „verbrennen".

Und nicht zuletzt bilden schlecht recherchierte Informationen, fehlerhafte Meldungen oder nicht vom Kunden freigegebene Texte ein absolutes No-go.

Ich habe meine Pressemitteilung verfasst. Wie bekomme ich jetzt genug Reichweite? Schließlich sollen sie möglichst viele Menschen lesen.

Die Frage zeigt den Kern des Problems sehr gut auf: Viele PMs sind absenderorientiert und nehmen die Interessenlage der Empfänger nicht zur Kenntnis. Vielleicht ist der Kunde begeistert, aber die Meldung kommt nicht bei den Empfängern an, weil sie nicht das mediale Nadelöhr passiert.

Wir arbeiten nach dem Motto „Der Wurm muss dem Fisch schmecken, nicht dem Angler". Das heißt, wir setzen bereits vor dem Texten an. Wir entwickeln Themen, die beispielsweise Nutzwert bieten, einen besonderen Aspekt herausgreifen oder eine ungewöhnliche Perspektive aufzeigen. Denn nur auf diese Weise überzeugen wir den Journalisten.

> Das komplette Interview mit Sabine vom Stein lesen Sie im E-Mail-Coaching. Und auch eine „mustergültige" und preisgekrönte Pressemeldung aus ihrem Haus.

Meldung fertig? Kapitel 3

So kommen Sie damit in die Medien ...

Der erste große Schritt ist getan: Ihre Meldung ist fertig. Und jetzt? Jetzt soll sie natürlich auch veröffentlicht werden. Wie Redaktionen arbeiten und welche Wege zum Abdruck führen, erfahren Sie in diesem Kapitel.

MELDUNG FERTIG?

Kapitel 3
In die Medien kommen

Ein Blick hinter die Kulissen: So läuft's in Redaktionen

Wenn Sie eine Pressemeldung verfassen, soll diese natürlich auch veröffentlicht werden. Ein Weg führt hier über eine Redaktion. Und dort sitzen Journalisten, die einen engen Zeitplan einhalten müssen. Es herrscht großer Druck, denn viele Redaktionen sind heute eher unter- als überbesetzt. Ihr Plus für eine gut funktionierende Zusammenarbeit: zu wissen, wie Redaktionen arbeiten, und so selbst ein Gefühl für das enge Timing in den Medien zu bekommen.

Das Medium bestimmt, wie eine Redaktion aufgebaut ist – ob Tageszeitung oder Zeitschrift, Online- oder Offline-Redaktion. In Ihrem Workbook schauen wir uns als Beispiel den Aufbau einer Tageszeitung an. Denn hier ist es besonders wichtig, Meldungen zum richtigen Zeitpunkt zu verschicken. Warum? Zeitungsredakteure haben jeden Tag definierte Zeitfenster, die sie einhalten müssen. Und das heißt für Sie: Zu manchen Zeiten passt eine Meldung einfach besser in den Zeitplan.

Paradebeispiel: Die Zeitungsredaktion

Und so sieht sie aus, die Redaktion einer Tageszeitung: An der Spitze sitzt der Chefredakteur. Er hat den Überblick über die einzelnen Ressorts: Das sind in der Regel Politik, Wirtschaft, Sport, Kultur / Feuilleton und Lokales. Zu diesen „Standard-Ressorts" können sich aber immer noch zusätzliche gesellen. Die einzelnen Ressorts bereiten ihre Themen auf – und stellen diese in der Redaktionskonferenz vor. Je nach Ressort gibt's dann noch verschiedene Rubriken. Also definierte Unterthemen, die wiederum verschiedene Textformen möglich bzw. nötig machen: z. B. Reportagen, Hintergrundberichte oder Kommentare. Letztere sind besonders im Politik-Teil wichtig, denn hier kann der Kommentator auch eine eigene Wertung abgeben. Wichtig zu wissen: In Online-Redaktionen verschwimmen die Ressortgrenzen immer mehr.

Newsroom, Newsdesk und Online-first-Prinzip spielen in modernem Redaktions-Management eine wichtige Rolle. Im „Newsroom" steht der „Newsdesk". Hier werden alle Nachrichten gesammelt – sowohl eigene als auch freie Themen und die Beiträge der Nachrichtenagenturen. Dann wird gemeinsam entschieden, welche Meldungen es ins Medium schaffen und welche auf der Strecke bleiben. „Online first" bedeutet, dass ein Teil der Beiträge zuerst online veröffentlicht wird, bevor er den Lesern auch in der Printversion zur Verfügung steht.

Kapitel 3
In die Medien kommen

SGV Workbook: Pressearbeit einfach machen!

Wie sieht nun so ein enger Zeitplan aus, der in den Redaktionen herrscht? Die folgende Tabelle macht's klar:

9:00 bis 10:00 Uhr	Los geht's im Frühdienst. Zeit für Post und Lektüre. Es ist außerdem die Zeit der Frühredakteure. Und die haben folgende Fragen: Wie viele Seiten habe ich? Wie viele und welche Themen? Gibt's Pressekonferenzen? Der Einstieg in die Tagesplanung also.
11:00 Uhr	Die Kollegen stürmen die Redaktion. Und weiter geht's mit Frühkonferenzen – zumindest in manchen Redaktionen. Manche verschwinden gleich wieder, um externe Termine wahrzunehmen. Denn um 11:00 Uhr starten typischerweise auch die Pressekonferenzen.
12:00 Uhr	Der Chefredakteur ruft seine Redakteure zur Redaktionskonferenz. Sie ist das Herzstück für den Entstehungsprozess der Zeitung. Themen werden abgesteckt, Material durchwühlt, Seitenzahlen festgelegt. Und überhaupt: Was sind die besten Fotos für die Berichte? Und wie lange dauert so eine Konferenz? Bis 14:00 Uhr sollte alles klar sein. In großen Redaktionen sitzen auch die Bildredakteure mit am Tisch.
ab 14:00 Uhr	3, 2, 1 – Hektik! Die Redakteure kommen in die Redaktionen zurück. Es bleiben vier Stunden, bis zusätzliche Recherchen, Schreiben, Festlegen von Headlines und Bildunterschriften, Redigieren und Korrektur abgeschlossen sein müssen. All das funktioniert über ein Redaktionssystem. Je Seite gibt's wieder ein Zeitfenster, das eingehalten werden muss. Dann wird sie an die Produktion geschickt. Bevor produziert wird, durchläuft die Seite noch die Schlussredaktion: Unter dem wachsamen Blick der Redakteure verschwinden stilistische Mängel oder sonstige Fehler. Manchmal bekommt der Redakteur den Artikel auch selbst noch mal zur Korrektur zurück.

18:00 Uhr	Zeit für die „Montage" der Tageszeitung. Die Schlussredaktion überprüft kurz vor der Druckfreigabe das Layout der Seiten und Artikel, die Seitenzahlen, Freigaben und die richtige Zuordnung der Beiträge zur den einzelnen Rubriken.
Gegen 20:00 Uhr	Der Druck für die Redakteure weicht. Der Druck der Zeitung beginnt.

Welcher Weg ist der richtige? Per Post? Als E-Mail?

Wie schon erwähnt, ist eine E-Mail schneller und einfacher vom Redakteur zu bearbeiten. Hier ist das größte Problem: die E-Mail-Flut. Schnell ist ein Postfach voll mit Spam und vielen weiteren Meldungen von anderen Unternehmen, die ebenfalls in die Zeitung wollen. Da fällt eine PR-Meldung per Post schon eher auf. Den goldenen Weg gibt es hier nicht.

Allerdings bietet die E-Mail neben Geschwindigkeit noch einen weiteren Vorteil:

Wenn Sie sich für die E-Mail entscheiden, sorgt ein klarer E-Mail-Header für Aufmerksamkeit beim Journalisten. Nutzen Sie das! Ergänzen Sie durch zwei bis drei persönliche Zeilen. Kopieren Sie Ihre Meldung am besten direkt in die E-Mail. Das spart wieder Zeit – denn es muss kein Anhang geöffnet werden – und nimmt außerdem die Angst vor Viren, die in Dateianhängen enthalten sein könnten. Wichtig: Nutzen Sie auch die Möglichkeit, direkt in den Pressebereich Ihrer Homepage zu verlinken. Dort findet der Redakteur dann zusätzliche Informationen, Bilder und Hintergrundinfos zum Download. Das ist schnell und einfach. Der Journalist wird es Ihnen danken.

MERKE

Zeitungen, Zeitschriften und Online-Medien gibt es wie Sand am Meer. Aber welche sind es, in die Ihre PR-Meldung passt – die sie also veröffentlichen? Hier muss die richtige Strategie gewählt werden. Denn wer nur hin und wieder eine Pressemitteilung an einen eher zufällig angelegten Verteiler verschickt, der macht noch lange keine Pressearbeit.

Die Zielgruppe ist entscheidend: Zu wem passt Ihre Meldung?

Fragen Sie sich deshalb: Welche Medien liest, hört, klickt meine Zielgruppe? Welche Themen findet sie interessant? Recherchieren Sie gewissenhaft und legen Sie ein Archiv an. Und machen Sie es sich leicht: Ein zielgruppenorientierter Verteiler spart Zeit und Nerven. Für die einen ist Ihre Meldung höchst interessant, für die anderen nicht. Überlegen Sie deshalb vor jeder Aussendung: Zu welchen Medien passt die aktuelle Nachricht?

> **TIPP**
>
> Auch die Konkurrenz schläft (meistens) nicht! Orientieren Sie sich daran, in welchen Medien Ihre Mitbewerber erscheinen.

Auch die Nachrichtenfaktoren helfen Ihnen bei der Auswahl der Medien weiter. Wenn Sie ein lokales Geschäft eröffnen möchten, ist das für ein regionales Medium wie eine Tageszeitung natürlich interessant. Überregionale Zeitschriften dagegen werden sich auf solche Meldungen weniger stürzen – es sei denn, Sie bedienen einen Nachrichtenfaktor, der überregionales Interesse weckt. Hier sind die Nachrichtenfaktoren noch einmal im Überblick:

- Aktualität
- Nähe
- Human Interest
- Prominenz / öffentliche Bedeutung
- Action und Drama
- Sex und Liebe
- Folgenschwere
- Konflikt
- Fortschritt
- Originalität / Kuriosität

Also: Selbst wenn die Neueröffnung Ihres Geschäfts es alleine nicht in die Lokalzeitung schafft, tut dies eventuell das Fest, das Sie dazu schmeißen – vielleicht war hier ja sogar der Bürgermeister samt Familie vor Ort. Oder Sie berichten darüber, wie viele Arbeitsplätze der neue Laden bringt. Ihr Geschäft führt den neuen „Supercleaner 3000" – ein völlig innovatives Produkt, das komplett selbstständig Fenster putzt? Damit schaffen Sie es auch in die überregionale Presse. Eigentlich ganz einfach, oder?

SGV Workbook: Pressearbeit einfach machen!

Kapitel 3
In die Medien kommen

PRAXIS

Was sind Ihre Schlüsselmedien im Print-Bereich oder online? Schreiben Sie die Titel auf.

....

....

....

....

....

....

Keine Qual bei der Themenwahl

Um auf das passende Thema für Ihre PR-Meldung zu kommen, gibt es verschiedene Ansätze. Die erste Möglichkeit: Spielen Sie mit den Nachrichtenfaktoren. Wenn das nicht ausreicht, nutzen Sie Möglichkeit Nummer 2: Denken Sie über folgende Schlüsselfragen nach.

- ☑ Was machen Ihre direkten Konkurrenten? Welche Themen platzieren sie in welchen Medien?

- ☑ Wie gehen Unternehmen aus anderen Bereichen die Sache an?

- ☑ Was fällt Ihnen auf, wenn Sie in Online-PR-Portalen stöbern? (Mehr zu PR-Portalen lesen Sie in Kapitel 4.)

- ☑ Was sagen andere über Ihr Unternehmen und Ihre Produkte? Nutzen Sie die Außenwahrnehmung zu Ihrem Vorteil!

- ☑ Können Sie spezielle Termine oder Veranstaltungen zum Thema einer Meldung machen?

Wichtiges Werkzeug: Der Presseverteiler

1. Presseverteiler im Do-it-yourself-Verfahren

„Selbermachen" ist sinnvoll für kleine Verteiler oder wenn Sie gerade erst mit Ihrer Pressearbeit beginnen. Was Sie dafür brauchen? Eine Excel-Tabelle oder eine einfache Adress-Datenbank. Und natürlich die Kontaktdaten der Redaktionen bzw. Ansprechpartner, die Ihre Meldung bekommen sollen. Die gibt's entweder im Impressum des jeweiligen Printmediums oder im Internet. Werden Sie bei der Suche nach dem richtigen Ansprechpartner auf beiden Wegen nicht fündig, rufen Sie einfach im Redaktionssekretariat an. Hier kann man Ihnen sicher weiterhelfen.

2. Mieten, kaufen, Mitteilungen senden

Natürlich kostet es Zeit und Mühe, eine Presse-Datenbank selbst aufzubauen. Und dann muss diese natürlich auch regelmäßig aktualisiert werden. Sonst sind Adressen und die Daten der Ansprechpartner schnell nicht mehr auf dem neuesten Stand. Wer's einfacher haben möchte oder sich schlicht die Zeit sparen will, eine größere Datenbank anzulegen, kann Presse-Kontaktdaten in Buchform oder digital natürlich auch einfach kaufen. So lässt sich im Handumdrehen eine eigene Presse-Datenbank für das Unternehmen aufbauen. Anbieter sind hier Spezialverlage wie der Stamm Verlag, der Verlag Dieter Zimpel oder der Kroll Verlag. Bei Letzterem haben wir genauer unter die Lupe genommen, wie man an die digitalen Daten kommt. Und so geht's …

PR-Kontaktdaten kaufen: So geht's Schritt für Schritt

1. www.krollcontent.de aufrufen.
2. Wählen Sie unter „Verteilerauswahl" einfach den Datensatz aus, der am besten zu Ihren PR-Aktionen passt.
3. Zu jedem Datensatz gibt es ergänzende Informationen. Einfach, schnell, mit einem Klick.
4. Jetzt nur noch den passenden Datensatz bestellen – alles online. Die Daten erhalten Sie zum Importieren in Ihre Datenbank im Excel- oder XML-Format.

Die Daten sind da, aber wie geht's jetzt weiter? Entweder wieder per Hand oder mit professioneller PR-Software wie Sage Act! oder pressfile. Die Software unterstützt beim Versenden von PR-Meldungen, bei der Auswahl der Zielgruppe etc.

Kapitel 3
In die Medien kommen

SGV Workbook: Pressearbeit einfach machen!

Wie kommt eine neu gegründete Firma in die Presse?

Andreas Herrmann — *Experten-Interview*

Seit 2001 inspiriert Andreas Herrmann als handelnder Berater, Vertriebstrainer und Wirtschaftsbuchautor mit seinem praxiserprobten Expertenwissen Hunderte von Unternehmen. Seine außergewöhnliche Erfolgsgeschichte beginnt im Jahr 2003: Trotz schwerster Erkrankung gelingt es ihm, zwei Studiengänge in weniger als drei Jahren erfolgreich zu absolvieren und den Grundstein für ein international erfolgreiches Werbeunternehmen zu legen.

Im Jahr 2008 wurde aus seinem Einzelunternehmen Werbekracher.com die Werbekracher Deutschland GmbH. 2011 wird Herrmann Gründer und Präsident des Bundesverbandes professioneller Werbetexter Deutschland e.V., in dessen Vorstand viele renommierte Vertreter der deutschen Wirtschaft sind.

Herr Herrmann, Ihre Geschichte ist nicht nur die Gründungsgeschichte einer erfolgreichen Werbeagentur, Sie haben auch ein sehr persönliches Buch über Existenzgründung geschrieben. Wie war das ganz am Anfang? Wie kamen Sie mit Ihrem jungen Unternehmen in die Presse?

Die Idee für mein Unternehmen wurde aus der Not heraus geboren. Aufgrund einer schweren Krankheit, die mich mit 32 Jahren zum Frührentner machte, wurde ich von Unternehmen nicht mehr eingestellt. Deshalb stellte ich mir die Fragen: Was kann ich tun? Was kann ich gut? Es war das Werbetexten, das mich wieder auf Spur brachte. Dadurch, dass ich persönliche Gegenstände auf Ebay verkauft habe, wurde eine österreichische Werbeagentur auf mich aufmerksam. Und ich hatte meinen ersten Auftrag, der gut funktionierte. Deshalb habe ich mich als Texter über eine Website angeboten.

Dabei war der größte Stolperstein zu Beginn das fehlende Kapital. Die Idee war da, nur niemand, der diese finanzieren konnte. Somit stand ich vor der Frage: Wie kann ich der Welt sagen, dass es mich gibt? Die Lösung kam über ein Barter-Geschäft mit einer Bekannten. Sie konnte mir als Grafikerin Flyer für mein Unternehmen gestalten und Produzieren, und ich revanchierte mich mit Werbetexten für sie. Die Flyer fuhr ich am Anfang selbst mit dem Fahrrad aus, da ich kein Auto hatte (*lacht*). Und nach dem Gesetz der Zahl „je mehr Kontakte, desto höher die Response-Quote" konnte ich nach etlichen Flyern einen ersten Auftrag für mein Unternehmen an Land ziehen.

In die Presse kam ich zum ersten Mal in einem Bericht der „Welt am Sonntag". Via Xing hatte die Handelskammer Hamburg in ihrer Existenzgründerbörse nach Unternehmern gefragt, die in einem Beruf erfolgreich sind, den sie nicht ursprünglich gelernt hatten. Da habe ich einfach mitgemacht und die „Welt am Sonntag" berichtete direkt darüber.

Ihre Firma wurde immer größer. Hat sich Ihre PR-Arbeit im Laufe der Zeit verändert? Und wenn ja: wie?

Zunächst starteten wir mit Offline-Werbemitteln – also Flyern, Prospekten, Broschüren –, aber bald bin ich auch online eingestiegen. Hinsichtlich PR änderte sich mit dem Aufschwung des Internets, dass ich durch Pressemeldungen im Internet schnell größere Reichweite in der Öffentlichkeit erzielen konnte.

Zusätzlich habe ich die PR-Arbeit dann durch Landingpages und keywordoptimierte Websites ergänzt. Mein Vorteil als SEO-Texter war: Alles, was ich in vorherigen Aufträgen für andere Firmen gelernt hatte, konnte ich jetzt für mein eigenes Unternehmen und meine eigene PR umsetzen und weiterentwickeln.

Gibt es hinsichtlich PR-Aktionen Tipps, die Sie an Jungunternehmer weitergeben können? Was sollte man unbedingt tun? Was eher sein lassen?

In Bezug auf Presseaktionen kann ich drei Optionen als „Tipps" vorschlagen. Dabei muss man sich vorher fragen, ob man auf kommerziellem Weg in die Presse kommen möchte – also über werbliche Zeitungsanzeigen. Das funktioniert natürlich schon, kostet dafür aber Geld. Option eins wäre also: Geld in die Hand nehmen, Anzeige kaufen und Zeit sparen.

Eine bessere, wenn auch anspruchsvollere Variante ist es, über eine clevere Idee die Aufmerksamkeit der Öffentlichkeit zu erlangen. Dies kann man zum Beispiel erreichen, indem man eine Person des öffentlichen Lebens ins Unternehmen einlädt. Groß angekündigt, erregt man so automatisch das Interesse der Presse und der Öffentlichkeit.

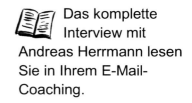
Das komplette Interview mit Andreas Herrmann lesen Sie in Ihrem E-Mail-Coaching.

Die dritte Option setzt auch wieder Kreativität voraus. Es geht darum, sich eine außerordentliche Geschäftsidee zu überlegen, die so noch nicht – oder nur sehr selten – da gewesen ist. Es geht hierbei also um eine gute Themenwahl beim Erstellen von Pressemitteilungen.

Online-PR

Kapitel 4

Online-PR in Zeiten von Web 2.0

E-Mail, soziale Netzwerke, Social-Media-Newsroom, Online-PR-Portale: alles Bestandteile von Online-PR. Was Ihnen wie weiterhilft und wie Sie welche Plattform am besten nutzen, erfahren Sie in diesem Kapitel.

Online-PR in Zeiten von Web 2.0

Wenn Sie professionelle Online-PR betreiben wollen, müssen Sie mehr tun, als eine Pressemeldung ins Internet zu stellen. Denn das Internet ist auch für Journalisten eine wichtige Recherche-Quelle. Deshalb erfordern die neuen medialen Möglichkeiten und Web-Instrumente auch eine klare Online-Strategie.

Online-PR geschieht in den zahlreichen Presseportalen und im Internet-Pressebereich Ihres Unternehmens, dem Social-Media-Newsroom. Aber Online-PR passiert mit dem anhaltenden Boom der Social Networks auch auf Xing, Facebook, Twitter, Google+ und Youtube. Und das immer häufiger. Daneben gibt's noch alte Bekannte wie Chats, Blogs oder Foren. Der Trend geht deutlich zum Web 2.0 – dem Mitmach-Internet, bei dem Unternehmen mit Zielgruppen, PR-Leute mit Journalisten, jeder mit jedem in direktem Kontakt steht.

Online-PR bedeutet deshalb vor allem, Vertrauen und das Unternehmens-Image in der Internet-Öffentlichkeit aufzubauen und zu pflegen. Kommunikation gibt es im Web 2.0 ständig. Ihre Aufgabe besteht darin, diese positiv für Ihr Unternehmen ausfallen zu lassen.

In den Printmedien ist ganz klar: Ihre Meldung erscheint am festgesetzten Veröffentlichungstermin. Im Internet ist das anders. Ihre Meldung erscheint genau dann, wann Sie es wollen. In Echtzeit. Und so fix wie sie erscheint, kann sie sich auch verbreiten. Wenn sie interessant genug ist.

Der Online-Pressebereich Ihrer Website: Was gehört rein?

Mindestens muss man hier Folgendes finden: Alte und aktuelle Pressemeldungen, Kontaktdaten, Bilder und Links mit Hintergrundinfos. Das erwarten Journalisten einfach von einem Pressebereich. Mehr Informationen hierzu gibt's in der Journalistenstudie 2007 – durchgeführt von der Fachhochschule Hannover. Zwar nicht mehr brandneu, aber trotzdem eine gute Grundlage für bestimmte Standards.

Apropos Standard: Social-Media-Newsrooms sind die Online-Pressebereiche fürs Web 2.0. Hier finden Journalisten und Redakteure zusätzlich Videos, Links zum Firmenauftritt auf den verschiedenen Social-Media-Portalen oder zu Blogs und RSS-Feeds. Kurz: Die neuen

Kapitel 4
Online-PR

Newsrooms bieten mehr – und das ohne langes Suchen. Vor allem mehr Möglichkeit zum direkten Dialog mit dem Unternehmen. Und passend zum schnellen Mitmach-Internet.

> **Auf einen Blick: Das gehört in den Pressebereich Ihrer Website**
>
> - Aktuelle Pressemeldungen
> - Infos zum Unternehmen
> - Kontaktmöglichkeiten
> - Bilder, Illustrationen (am besten im JPG-Format)
> - Archiv mit älteren Presse-Informationen
>
> **Zusätzlich:**
>
> - Studien, Branchenreports
> - Fachartikel
> - Pressespiegel
> - weiterführende Links (z. B. zu Firmenvideos, Befragungen, Bewertungen usw.)

Tipp: Bieten Sie interessierten Journalisten über ein Kontaktformular die Möglichkeit, sich in den Presseverteiler aufnehmen zu lassen.

PRAXIS

Schauen Sie doch mal kritisch nach: Wie sieht Ihr eigener Online-Pressebereich aus? Was fehlt? Welche zusätzlichen Services können Sie noch bieten?

....

....

....

....

....

Einige Beispiele gelungener Pressebereiche finden Sie in einer Ihrer Coaching-Mails.

Kapitel 4
Online-PR

Pressearbeit digital: Wie Sie online erscheinen ...

Bei Online-PR via Presseportal fehlt der „Türsteher". Es gibt keinen Journalisten, der Ihre Meldung erst noch abnicken muss. Hier veröffentlichen Sie selbstständig. Und erreichen so nicht nur die Medien, sondern auch Ihre Zielgruppe direkt. Nutzen Sie deshalb die Presseportale als Instrument für Ihre Online-PR.

Wichtig: Alles, was online passiert, läuft auch durch Google. Schließlich ist die Suchmaschine *das* Werkzeug für die Online-Recherche. Und hier will jeder auf den vorderen Plätzen mit dabei sein. Das heißt für Pressemeldungen, die Sie online veröffentlichen: Suchmaschinen-optimiert sollen sie sein! Besonders in PR-Portalen. Denn das bedeutet mehr Treffer, mehr Leser, mehr Öffentlichkeit.

Online-PR-Portale im Fokus

Presseportale im Internet gibt es wie Sand am Meer. Kostenlose, kostenpflichtige, übersichtliche oder weniger übersichtliche. Bei Google wird man hier schnell fündig und sucht sich einfach das Portal aus, das einem am besten gefällt. Unsere Meinung: kostenlose Portale reichen absolut aus.

 Übrigens: Im Coaching-System zeigen wir Ihnen Schritt für Schritt, wie Sie Ihre Meldungen auf dem kostenlosen Presseportal „openPR" veröffentlichen.

Das Allheilmittel sind Presseportale dennoch nicht. Denn hier gibt's solche und solche. In den einen steht Ihre Meldung neben vielen weiteren auf einer Homepage. Andere schicken Ihre Meldung an einen Verteiler: Danach landet Sie entweder direkt bei Journalisten oder wiederum auf Webseiten. Unser Tipp: Bevor Sie blindlings Pressemeldungen in Portale stopfen, schauen Sie sich vorher kurz an, wie das jeweilige Presseportal funktioniert.

Im Zusammenhang mit PR-Portalen und Blogs ist besonders wichtig: Einzigartig soll es sein. Unique Content – also „einmalige" Texte – ist ein elementarer Faktor bei der Suchmaschinen-Optimierung. Benutzt man denselben Text mehrmals, produziert also Duplicate Content, kann dies beim Google-Ranking extreme Konsequenzen haben: von niedrigerer Einstufung bis zur Löschung der Seite aus dem Index. Der Grund: Google möchte als Suchmaschine auf schnellstem Weg zur richtigen Antwort führen. Dabei stört es natürlich, wenn doppelte Texte interessantere Suchergebnisse „überlagern".

Die Pressemeldung per E-Mail

Dass Pressemeldungen heute weitgehend per E-Mail verschickt werden – daran besteht kein Zweifel. Dabei ist klar: In der Betreffzeile sollte unbedingt das Wort „Pressemitteilung" stehen, um Ihre Mail von anderen abzugrenzen. Was Journalisten sich noch wünschen: dass die Betreffzeile neben dem Wort „Pressemitteilung" auch das Thema der Meldung und den offiziellen Versender nennt. Auch in Sachen Mitteilungstext sind sich die meisten Journalisten einig: Sachlich und kurz sollte die Information aufbereitet sein.

Wie bereits im vorherigen Kapitel gesagt: Wenn Sie Ihre Meldung direkt in den E-Mail-Text kopieren, freuen sich die Redakteure – zumindest die meisten. Ein großer Anhang macht das Postfach voll, birgt die Gefahr von Viren und erfordert zusätzliche Klicks. Außerdem sollten Bilder idealerweise im Social-Media-Newsroom Ihrer Homepage angeboten werden. Ein Link dorthin ist schnell gesetzt und erspart der E-Mail weitere Kilo- oder gar Megabytes. Eine kurze Beschreibung, worum es geht, rundet Ihre E-Mail ab. Oder Sie stellen einfach die Kurzmeldung an den Anfang Ihrer Mail.

Pressearbeit vs. Öffentlichkeitsarbeit

Genau dasselbe? Oder gibt's einen Unterschied? **Öffentlichkeitsarbeit** oder **Public Relations** kann als übergeordneter Begriff gesehen werden. Damit bezeichnet man alle Aktionen, durch die Ihr Unternehmen in der Öffentlichkeit Vertrauen aufbaut. Interaktion mit jedem Bereich der Öffentlichkeit fällt unter diesen Begriff. Bei der **Pressearbeit** geht's dagegen um den Kontakt zu Redaktionen und Journalisten. Informationen über Neuerscheinungen, Unternehmensleistungen und alle weiteren Aktionen Ihres Unternehmens, zum Beispiel Personalveränderungen, die Sie über die Presse geben – all das ist Pressearbeit.

MERKE

Das heißt speziell für Online-PR: Öffentlichkeitsarbeit betreiben Sie in den Social Networks, sobald Sie mit Ihren Fans, Followern, Abonnenten oder Freunden interagieren.

Dadurch, dass Sie Ihr Unternehmen repräsentieren, haben Sie mit jeder Ihrer Aktionen Einfluss darauf, wie die Öffentlichkeit Ihr Unternehmen

wahrnimmt. Und das ist auch der große Vorteil, den Social Media für Ihre Öffentlichkeitsarbeit bietet. Pressearbeit im Speziellen läuft vor allem über Presseverteiler ab. Aber Vorsicht: Indirekt betreiben Sie auch in den sozialen Netzwerken Pressearbeit. Denn Journalisten sind hier natürlich ebenfalls unterwegs. Sie durchforsten Facebook, Google, Twitter, Blogs und Co. auf der Suche nach interessanten Neuigkeiten, die es wert sind, abgedruckt zu werden.

PR und Social Networks

Auch wenn Sie die sozialen Netzwerke nicht für PR-Aktionen verwenden wollen, sollten Sie zumindest eins tun: Sichern Sie sich in den bekannten Networks (Facebook, Google+, Xing, Twitter, Youtube etc.) Ihren Namen, damit niemand dort den digitalen Ruf Ihrer Marke schädigen kann. Außerdem sind Sie so gleich als Ansprechpartner Ihres Unternehmens erreichbar. Neben diesem Mindestmaß an Beteiligung im Social Web geht unsere Empfehlung klar in diese Richtung: Nutzen Sie das Angebot, das diese Plattformen Ihnen bieten. Sie sind schnell und direkt und – richtig verwendet – auf jeden Fall eine gute Ergänzung zu sonstigen PR-Kampagnen.

Was muss man beachten?

Wenn Sie Social Media verwenden, sollten Sie unbedingt Folgendes beachten: Klare Regeln sind das A und O. Transparenz ja, aber keine Interna ausplaudern. Lustig gerne, aber nicht lächerlich. Absolutes Muss: Guidelines für das Verhalten der Mitarbeiter in den Social Networks. Das schafft Seriosität.

Persönliche Nachrichten oder Postings an Redaktionen und Journalisten nur dann, wenn bereits ein guter Kontakt besteht. Sonst fällt eine Meldung auf Xing, Facebook oder Twitter nur als zusätzliche Belästigung auf – wird ignoriert oder hinterlässt sogar einen negativen Beigeschmack. Die meisten Aktionen sollten in Richtung „Aufbau von Beziehungen" und „Glaubwürdigkeit" gehen. Erinnern Sie sich daran: PR ist dazu da, Bekanntheit, positives Image und Vertrauen zu schaffen. Keine Werbung. Auch auf Facebook, Xing und Co.? Da die Plattformen Werbung zulassen, verwischen hier die Grenzen.

> **TIPP**
>
> Besonders wichtig: Akzeptieren Sie Meinungsaustausch.
> Das ist ein, wenn nicht *das* zentrale Thema in Social Media.

Und wenn die Meinungen nicht Ihrer eigenen entsprechen, ja sogar Kritik ins Haus regnet? Reagieren Sie angemessen. Wie das geht, erfahren Sie im Kapitel „Krisen-PR".

PR auf Facebook

Öffentlichkeitsarbeit ohne Zwischenstopp, direkter Kontakt zur Zielgruppe: über die eigene Fanpage auf Facebook.

 Wie, womit und mit wem?

Bei Ihrer Fanpage müssen Sie zwei verschiedene Zielgruppen berücksichtigen. Auf der einen Seite: interessierte Journalisten und Redakteure – die entsprechend mehr Fakten wünschen. Auf der anderen Seite: die Leser direkt. Hier steht wiederum die Frage im Vordergrund: Was bringt es mir, wenn ich das lese?

Dadurch, dass Herr Zuckerberg das Forum auf Facebook abgeschafft hat, bleiben auf der Fanpage nur die Einträge auf der Pinnwand bzw. Chronik, um Meldungen zu posten. Es sei denn, man greift auf externe Apps zurück. Alternativ zur Fanpage kann man auch eine spezielle PR-Gruppe gründen, zu der nur bestätigte Mitglieder Zutritt haben. Allerdings widerspricht eine geschlossene Gruppe klar dem Sinn der Öffentlichkeitsarbeit. Das Mittel der Wahl sollte daher eine knappe, spannende Pinnwand-Meldung sein, die sofort auf den Punkt kommt – und im besten Fall häufig geteilt wird. Da die Fanpages auf Facebook das A und O sind, spielen Gruppen hier eine untergeordnete Rolle.

 Was bringt's?

Der große Vorteil von Facebook ist der direkte Kontakt zur Zielgruppe, aber auch zu Redakteuren und Journalisten. Hier können Sie schnell auf Anregungen, Fragen oder Ideen reagieren – und sollten das natürlich auch tun. Der Vorteil der Nähe bringt aber auch einen höheren zeitlichen Aufwand mit sich. Ein zweischneidiges Schwert also, das Sie aber durch die extreme Entwicklung in dieser Richtung auf jeden Fall als zusätzliche Option berücksichtigen sollten.

Facebook eignet sich perfekt für Aufbau und Pflege von vielerlei Beziehungen. Ob privat oder geschäftlich, mittlerweile ist beides möglich. Mit jeder Kommunikation bleibt man in den Köpfen der Fans – auf positive oder negative Weise. Was Sie daraus machen, ist Ihnen selbst überlassen. Wichtig ist allerdings: Facebook bringt's nur dann richtig, wenn man

aktiv dabei bleibt. Wie bei den anderen sozialen Netzwerken ist die Pflege der Kontakte enorm wichtig – aber das ist ja auch, was man mit Public Relations erreichen möchte. Fazit: Richtig eingesetzt, ist Facebook ein schönes und nützliches PR-Instrument.

PR-Arbeit auf Xing

 Wie, womit und mit wem?

Auf Xing bieten sich etwas andere Möglichkeiten für Ihre Pressearbeit. Man kann Mitteilungen in der Statusmeldung, als Aktivität auf der Pinnwand oder in diversen Gruppen posten.

Die Interaktion mit den eigenen Kontakten ist auf Xing weniger ausgeprägt als auf Facebook – obwohl es hier wie dort eine Kommentar-Funktion gibt. Dafür werden hier die Gruppen aktiver genutzt. Mit oft über tausend Mitgliedern ist die relative Reichweite für Mitteilungen ziemlich hoch. Wer tatsächlich liest, was Sie in den Gruppen schreiben, das kann man natürlich nicht sagen. Ein kleines Feedback erhalten Sie über die Zahl der „Hits" und Kommentare, die Ihre Nachricht bekommen hat. Praktisch: Neben dem direkten Kontakt, den man – ähnlich wie bei Facebook – zur Zielgruppe halten kann, bietet Xing noch eine interne Suche. So finden Sie schnell Redakteure, Journalisten oder bestimmte Medien.

 Was bringt's?

Ein kleines PR-Netzwerk ist hier also relativ schnell geknüpft. Aber Vorsicht! Wenn Sie jetzt anfangen, Kontakte, die Sie noch nicht näher kennen, mit persönlichen Nachrichten vollzuspammen, landen Sie ganz schnell auf der „Ignore"-Liste. Wie schon gesagt, geht der Kontakt via Social Network schnell und direkt, ist aber nur dann zielführend, wenn Sie zum Empfänger der Nachricht bereits einen guten Draht aufgebaut haben. Also: Xing kann als Werkzeug zur PR-Arbeit wunderbar eingesetzt werden und ist sogar noch eine Spur „geschäftlicher" als Facebook. Man erreicht allerdings nicht dieselbe Aufmerksamkeit in der Öffentlichkeit, wie man dies bei Facebook schaffen kann.

PR und Google+

 Wie, womit und mit wem?

Was bei Facebook die Pinnwand oder Wall ist, ist bei Google+ der Stream. Hier können Sie Nachrichten posten, die dann von Besuchern

Ihres Unternehmensprofils gesehen werden. Im Gegensatz zu den anderen sozialen Plattformen hat Google+ zusätzlich zur Pinnwand nicht nur die normale Chat-Funktion, sondern sogenannte „Hangouts". Hier kann man mit bis zu neun Personen chatten – und das sogar mit Videofunktion. Eine gute Möglichkeit, um Rückfragen zu beantworten, und deshalb hier mit aufgelistet. Für PR aber grundsätzlich weniger geeignet.

 Was bringt's?

Facebook ist im Moment noch größer als Google+. Aber: Google+ verknüpft verschiedene Anwendungen zu einem Netz, dem man sich online bald nicht mehr entziehen können wird. Oder nur dann, wenn man mit gewissen Einschränkungen leben kann. So stehen neben dem Social Network Google+ die allseits bekannte Suchmaschine und Youtube. Wer bei Google+ durchstartet, tut dies auch in der Google-Trefferliste, denn durch die +1-Buttons kann man das Suchmaschinen-Ranking beeinflussen.

Was das bedeutet? Extreme Reichweite für Ihre Pressemeldungen! Auf Google+ eingestellt und häufig mit +1 versehen, rutschen Unternehmen, Produkt und Nachricht in der Trefferliste auf die vorderen Ränge. Da Google+ noch nicht lange verwendet wird und bestimmt noch nicht alle Funktionen dieses Netzwerks für die Öffentlichkeit zugänglich sind, ist der konkrete Nutzen für die Pressearbeit aktuell noch schwer einzuschätzen. Unser Tipp hier: Entwicklung verfolgen, lernen und rechtzeitig auf den Zug aufspringen.

PR und Blogs

Weblogs oder auch Blogs sind Mittler zwischen PR-Leuten und Medien. Wer zu einem Thema schnell etwas wissen will, googelt. Häufig findet man dann Blogs, in denen das gesuchte Thema breitgetreten wird. Mal gut, mal weniger gut. Aber auf jeden Fall schnell. Neben Social Media also eine weitere Option, um in Echtzeit an Informationen zu gelangen.

Bei Facebook sind es Fans, bei Google+ Kreise, bei Twitter Follower und bei Blogs Subscriber oder Abonnenten. Einmal abonniert, bekommt man den neue Inhalte direkt per E-Mail zugeschickt. Das heißt für PR-Aktionen via Blog: Informative und spannende Nachrichten sorgen auch hier für mehr Abonnenten, für mehr Reichweite, für mehr Öffentlichkeit. Ganz nebenbei dienen Weblog-Beiträge häufig auch als Grundlage für Twitter-Tweets – besonders dann, wenn das Twitter-Plugin gesetzt ist.

Gute Blogs besitzen dadurch also noch einen weiteren Multiplikator. Und sind schnell in aller Munde – im wahrsten Sinne des Wortes.

Public Relations via Twitter

In der Kürze liegt die Würze. Bei Twitter ist man bei jedem Tweet auf 140 Zeichen inklusive Leerzeichen begrenzt. Will man zusätzlich auch noch einen Link angeben, hat man nur noch sehr wenig Platz, um auf den Punkt zu kommen. Daher gilt auf Twitter: Von der klassischen Pressemeldung bleibt nur noch ein Teil der Kurzmeldung – und der muss besonders aussagekräftig sein. Für Interessierte gibt's einen Link zur ausführlichen Mitteilung.

`Checkliste: So funktioniert Online-PR auf Twitter`

- ☑ Erst lernen, dann twittern. Folgen Sie zuerst anderen Twitterern. (Hier bieten sich natürlich Journalisten oder Twitter-User mit vielen Kontakten an.) Dadurch lernen Sie schnell, wie Twitter funktioniert.

- ☑ Legen Sie einen Twitter-Account an. Twittern Sie persönlich, reicht ein Bild und ein Pseudonym. Twittern Sie geschäftlich, benötigen Sie natürlich Ihr Firmenlogo und eine kurze Beschreibung Ihres Unternehmens. Dafür haben Sie 160 Zeichen Platz.

- ☑ Twittern Sie selbst über spannende und wissenswerte Themen und bieten Sie Ihren Followern informativen Mehrwert. Achtung: Verzichten Sie auf ständiges Eigenmarketing – das vertreibt Ihre Leser schnell wieder. Bieten Sie Links zu Ihrer eigenen und fremden Seiten an.

- ☑ Für erhöhte Aufmerksamkeit: Schreiben Sie ungefähr fünf Tweets pro Tag.

- ☑ Betreiben Sie Kontaktpflege. Am einfachsten geht das, indem Sie spannende Inhalte Ihrer Kontakte retweeten.

Ein besonderer Vorteil, den die Kommunikation auf sozialen Plattformen bieten kann – und wirklich nur kann, nicht muss – ist die Viralität. Gefällt Ihre Meldung genügend Fans, die auch brav „gefällt mir" oder „+1" klicken, kann sie sich rasend schnell verbreiten. Der Vorteil: Je häufiger die Meldung geteilt wird, desto wahrscheinlicher ist es, dass auch die

Kapitel 4
Online-PR

Presse darauf aufmerksam wird. Ist die Meldung interessant genug, hat sie auch das Potenzial, in einer Zeitschrift oder Zeitung zu erscheinen.

Ein Beispiel: In der vorweihnachtlichen Zeit sprießen Nacherzähler der Weihnachtsgeschichte regelmäßig aus dem Social-Media-Boden. Ein gewisser „Joseph von Nazareth" auf Twitter und eine gewisse „Maria von Nazaret" auf Facebook bekamen dabei im Dezember 2011 so viel Aufmerksamkeit, dass sie es mit ihren Ideen in die Zeitungen, ins Radio und ins Fernsehen schafften. Lange war nicht klar, ob es sich dabei um einen Marketing-Gag handelte. An Weihnachten dann die Auflösung: Der Kopf hinter der Sache war das Evangelische Jugendwerk in Württemberg bzw. die Redaktion von katholisch.de. Super PR – keine Werbung!

NOTIZEN

....

....

....

....

....

....

....

....

....

....

Kapitel 4
Online-PR

Start frei für Social-Media-PR!

Patrick M. Wolff

Patrick M. Wolff gründete 2001, noch während seines Studiums und gleichzeitig mit der Markteinführung von Google AdWords in Deutschland, das Unternehmen e-wolff. Vor allem kleine und mittelständische Kunden konnte e-wolff durch die Möglichkeiten, die das AdWords-System für den Vertrieb und Markenaufbau bietet, voranbringen. Neben Suchmaschinen-Marketing bietet e-wolff heute Suchmaschinen-Optimierung, Web-Analyse sowie Social-Media-Kampagnen auf Facebook und Youtube an.

Mit fünf Google-Zertifizierungen ist e-wolff als eine von wenigen Agenturen in Deutschland mehrfach ausgezeichnet. e-wolff ist Gründungsmitglied der United Digital Group. Diese umfasst neun renommierte Internetagenturen, deren Mitarbeiter zu den erfahrensten Spezialisten ihres Fachs in Deutschland zählen.

Experten-Interview

Herr Wolff, als Geschäftsführer der e-wolff Consulting GmbH sind Sie online immer up to date. Wie sieht's denn mit Online-PR aus? Was halten Sie davon und wie setzen Sie Online-PR selbst ein?

Online-PR hat viele Facetten. Daher ist es zunächst wichtig, einige Begriffe voneinander abzugrenzen. Online-PR bedeutet weit gefasst, über alle möglichen Online-Kanäle für eine Firma, ein Event oder ein Produkt Öffentlichkeit zu erzeugen. In den allermeisten Fällen heißt das, bei Google gefunden zu werden, sei es organisch oder über AdWords. In dem Zusammenhang ist es wichtig zu verstehen, dass nicht die Firmenseite, sondern der Eintrag auf der Google-Suchergebnisseite der erste Kontakt zwischen Firma und Öffentlichkeit ist.

Auch Social-Media-Auftritte (Facebook, Twitter etc.) eignen sich immer besser, um Öffentlichkeit zu generieren. Das Gefunden-Werden bei Google und Öffentlichkeit über Facebook sind auch Hauptgeschäftsbereiche von e-wolff. Im Gegensatz dazu geht es bei Online-PR in einem engen Rahmen darum, Journalisten und Medien – egal ob Print oder Online – mit Informationen zu versorgen. In diesem Bereich ist e-wolff eigentlich nur in eigener Sache aktiv.

Bieten die sozialen Netzwerke hier zusätzliches Potenzial? Welchen Nutzen haben Facebook, Google+, Twitter und Co. für die Presse- und Öffentlichkeitsarbeit im Web?

Um gezielt Journalisten bzw. Medienleute anzusprechen, gibt es bessere Wege als Social Media. Einzig Twitter ist hier vielleicht interessant, um eine Zielgruppe zu erreichen, die viel unterwegs ist. Der große Mehrwert von Social Media liegt im Bereich Öffentlichkeitsarbeit. Die Unternehmen können über Social-Media-Plattformen direkt mit ihren Kunden kommunizieren, ohne dass sie die Presse als Mittler zwischen Kunden und Unternehmen benötigen. Facebook hat weltweit mehr Seitenaufrufe als die Seiten auf den Plätzen 2 bis 100. Hier zeigt sich, wie leicht über Facebook eine große Öffentlichkeit zu erreichen ist.

Sehen Sie auch Gefahren darin, Social Media für Presse- und Öffentlichkeitsarbeit zu nutzen?

Wirkliche Gefahren existieren keine. Natürlich gibt es die krassen Negativ-Beispiele wie die Facebook-Auftritte der Deutschen Bahn oder von KitKat / Nestlé. Die Unternehmen mussten aufgrund massiver Kritik ihre Facebook-Seiten deaktivieren. Bei KitKat handelte es sich um eine organisierte Negativ-Kampagne von Naturschützern. Speziell bei kleineren und mittelständischen Unternehmen sind solche Szenarien jedoch sehr unrealistisch. Zwar müssen auch solche Unternehmen mit Kritik rechnen, aber durch den richtigen Umgang mit der Kritik lässt sich diese schnell entschärfen.

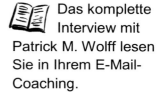
Das komplette Interview mit Patrick M. Wolff lesen Sie in Ihrem E-Mail-Coaching.

Mein Tipp: Nehmen Sie die Kritik ernst. Bei gerechtfertigter Kritik entschuldigen Sie sich und bieten dem kritischen Nutzer eine Wiedergutmachung an. Ist die Kritik ungerechtfertigt, erläutern Sie Ihre Position und untermauern Sie sie mit Fakten. Im besten Fall bekommen Sie Unterstützung von Ihren Fans. Reagieren Sie richtig, besteht sogar die Chance, neue Fans zu gewinnen.

PR-Trends: Alles neu macht das Web?

„Mit der Zeit gehen", heißt die Devise. Denn seit 2010 hat sich in puncto Öffentlichkeitsarbeit einiges getan. Die sozialen Netzwerke stehen mehr und mehr im Fokus. Alles rückt näher zusammen, wird schneller, direkter. Und jeder kann sofort „seinen Senf" zu Nachrichten und Meldungen abgeben. Beteiligung ist in – der richtige Umgang damit Ihre Aufgabe. Also: Vorbereitet sein und die Trends im Auge behalten!

1. Online-Kommunikation: Der König von morgen

Laut einer Studie des European Communication Monitor 2011 wird sich die Online-Kommunikation bis 2014 zur PR-Diszipin Nummer 1 im Bereich Unternehmens-Kommunikation entwickeln. Damit wird die klassische PR entthront und verliert im Vergleich zu Online-PR und Social Media an Boden. Im Klartext heißt das: Künftig kommt niemand mehr an Online-PR und den sozialen Netzwerken vorbei. Klassische PR wird aber natürlich weiterhin eine (zumindest ergänzende) Rolle spielen.

2. Social Media: Trend, Kult, PR-Waffe

Soziale Netzwerke boomen weiterhin, und mit Google+ ist der nächste Gigant ins Geschäft eingestiegen. Die meistbesuchten Websites sind sie schon, ihre Reichweite wächst stetig. Und auch die Unternehmen haben die Chancen für sich entdeckt. Social-Media-Guidelines und Analyse-Tools werden bereits jetzt stärker eingesetzt als erwartet.

3. Web 2.0 oder Mitmach-Web

Neue Medien, neue Möglichkeiten. Per Presseportal, Forum, Blog, Community oder Social Web hat wirklich jeder die Chance, selbst mit seinen Zielgruppen zu kommunizieren. Redakteure und Journalisten sind nicht mehr die alleinigen Wegbereiter in die Medien und zu den Lesern. Für PR-Leute ist dabei ganz wichtig, dass auch im direkten Kontakt mit den „Medienbürgern" hilfreiche Informationen mit Mehrwert im Vordergrund stehen müssen.

4. Online-PR heißt auch: Alles Echtzeit

Neue Medien bringen neue Geschwindigkeit. Im Zeitalter von Web 2.0 sind Nachrichten sofort und ständig verfügbar. Neuigkeiten können so in

Echtzeit zum interessierten Leser gebracht werden. Und die Möglichkeiten von Social und Mobile Media sind noch nicht komplett ausgereizt – auch nicht für die Pressearbeit.

5. Augen und Ohren auf im Social-Media-Dialog

Monolog ist out. Die sozialen Netzwerke bieten genug Raum zum Mitreden. Das heißt für Sie: Zuhören und lernen, was Ihre Zielgruppe über Ihre Produkte und Aktionen denkt und schreibt. Und dann in den Dialog mit Kunden, Lesern, Fans treten. So können Sie PR-Aktionen maßschneidern, die einfach besser wirken. Denn sie werden – aufgebaut auf die Meinungen und Interessen Ihrer Zielgruppen – mit hoher Wahrscheinlichkeit gelesen, favorisiert und geteilt. Machen Sie Ihre Zielgruppen auf diese Weise zum bereitwilligen Multiplikator.

8. Erfolgreich kombinieren: PR-, SEO- und Marketing-Wissen

Wer bei SEO, Keyword-Relevanz, Keyword-Dichte, Backlink, Landingpage nur noch Bahnhof versteht, ist sicher nicht allein. Allerdings sollte hier nachgerüstet werden – denn ohne Suchmaschinen-Optimierung (kurz: SEO für Search Engine Optimization) gehen Meldungen im Google-Dschungel schnell unter. Auch das ist Online-PR. Denn nur wer die richtigen Keywords und Maßnahmen ergreift, um in den Suchmaschinen auf guten Positionen gelistet zu werden, kann auch seine Pressemeldungen entsprechend optimieren. Ihre Meldung soll schließlich gefunden werden. Nicht entsprechend optimiert und damit schlecht auffindbar? Dann war der Aufwand für die Veröffentlichung vergebens. Für gute Online-PR müssen Presseleute daher beide Welten verbinden können: Auf der einen Seite die klassische PR. Auf der anderen die Optimierung für Internet und Suchmaschine.

9. Schreiben Sie noch griffiger, noch mehr auf den Punkt

Tausende Meldungen werden Tag für Tag in PR-Portale gestopft. Fraglich ist hier aber, ob genau Ihre Meldung tatsächlich von einem anderen Leser als dem Google-Robot wahrgenommen wird. Trotzdem: Die Meldungen laufen wie im Nachrichtenticker ab. Ein Blick muss dem beobachtenden Journalisten genügen, um zu entscheiden: Übernehmen und veröffentlichen oder nicht? Und schon sind wir wieder bei den Zielgruppen. Auch und gerade online ist es extrem wichtig zu wissen, was interessiert und was nicht. Und das auf zwei Ebenen. Sie erinnern sich? Erstes Ziel ist der Redakteur oder Journalist. Zweites Ziel der Leser, den

Kapitel 4
Online-PR

Sie für Ihre Meldung gewinnen möchten. Online läuft alles viel schneller ab. Das heißt für Ihre Meldung: Sie muss absolut griffig, spannend und auf den Punkt formuliert sein. Andernfalls verschwenden Sie hier nur Zeit.

PRAXIS

P8. Formulieren Sie knackige Headlines zu den folgenden Kurzmeldungen.

1. ....

....

Vornamen beeinflussen die Partnerwahl stärker als bisher gedacht. Psychologen der Humboldt-Universität Berlin haben herausgefunden: Menschen mit den Namen Kevin oder Mandy haben schlechtere Chancen, auf Online-Plattformen einen Partner fürs Leben zu finden, als die gebildeter wirkenden Maximilians und Charlottes.

2. ....

....

Erholsamer Schlaf ist lebenswichtig – und alles andere als selbstverständlich. Mehr als 20 Prozent der Bevölkerung leiden unter Schlafstörungen. Alltagsstress, Leistungsdruck, Ängste oder Sorgen – die Ursachen sind vielfältig und führen oft zu einem unregelmäßigen Schlafrhythmus. Die Folge: Konzentrationsstörungen, Müdigkeit und Muskelverspannung werden zum ständigen Begleiter im Alltag. Die beste Basis für guten Schlaf: körperliche Bewegung, geistige Aktivität und Erholung.

> **! TIPP**
>
> Vermittelt die Headline kein „Lies mich!", verschwindet Ihre Nachricht schnell im Papierkorb. Denken Sie daran: Starke Headlines ziehen in den Text hinein und nehmen den Leser mit wenigen Worten an die Hand.

Nachrichtenportale: So kommt Ihre Meldung an

Oliver Foitzik

Oliver Foitzik ist Gründer, Gesellschafter und Geschäftsführer der FOMACO GmbH. Nach sechs Jahren Tätigkeit für führende internationale Management-Beratungen gründete er 2004 sein eigenes Consulting-Unternehmen und stieg 2007 in die Neuen Medien ein. In den vergangenen Jahren hat er sich in diesem Bereich als Experte und Innovator einen Namen gemacht.

Die FOMACO GmbH ist heute Experte für neue Medien und liefert bewegende Lösungen für Business, Weiterbildung und Unterhaltung. Mit AGITANO betreibt FOMACO u. a. ein mittelständisches Wirtschafts- und Informations-Portal für Führungskräfte und Unternehmen.

Experten-Interview

Herr Foitzik, mit AGITANO betreiben Sie ein Nachrichten- und Wirtschaftsportal für den Mittelstand. Warum sollte ich meine PR-Meldung an ein Nachrichtenportal wie das Ihre schicken?

Wir betreiben mit AGITANO eine intelligente Kombination aus Themenportal, Netzwerk und Marktplatz rund um alle Business- und businessnahen Themen aus und für den Mittelstand. Es ist ein Wirtschafts- und Business-Portal – zur Information, Weiterbildung und Unterhaltung – für Fach- und Führungskräfte sowie Entscheider. Dabei liegt der Fokus auf einer hochwertigen, redaktionellen und expertengestützten Berichterstattung mit der richtigen Kombination aus Wirtschaftsmeldungen, Hintergrundberichten und Fachthemen. Und dies im multimedialen Mix.

Wenn ich die beiden Punkte vom Anfang aufgreife, muss sich jeder „Sender" überlegen, ob seine Nachricht bei uns auf AGITANO richtig platziert ist: a) von der angestrebten Reichweite und b) von der Zielgruppe. Und wir sind natürlich nur ein Kanal von vielen möglichen, die der Sender bei der Distribution beachten sollte. Wenn es einerseits um Wirtschaft und Mittelstand geht und andererseits Unternehmer, Entscheider und Führungskräfte angesprochen werden sollen, dann sind wir der richtige Partner für die Kommunikations- und PR-Abteilungen von Unternehmen, PR- und Marketingagenturen und andere Dienstleister in diesem Umfeld.

Was muss ich tun, damit meine Pressemeldung auf Ihrer Plattform erscheint?

Eine Pressemeldung muss aus meiner Sicht zentrale Elemente erfüllen, damit Sie eine Chance auf Veröffentlichung hat. Ich sehe hier zwei Punkte:

1. Sie muss ein (sehr) interessantes Thema aufgreifen und behandeln, gemäß dem Motto: „Je spannender und einzigartiger, desto besser!" Studien, neue Erkenntnisse zu aktuellen Sachverhalten, hochwertige Interviews mit Persönlichkeiten etc. werden immer gerne aufgegriffen und publiziert.

2. Eine Pressemeldung sollte inhaltlich wirken und redaktionell aufbereitet sein. Der transportierte Inhalt ist entscheidend. Meldungen mit Werbecharakter haben bei uns wenig bis keine Chancen auf Veröffentlichung.

Social Media ist in aller Munde. Bieten Sie eine Vernetzung der Presseaktionen mit den gängigen sozialen Plattformen an?

Wir sind in Social Media sehr aktiv. Nahezu alle Meldungen werden in unterschiedlicher Form und Intensität über unsere Social-Media-Kanäle wie Facebook, Twitter, Google+, Xing, LinkedIn, MisterWong etc. gestreut. Hier können wir auf eine relativ große Reichweite blicken, die wir sehr gezielt für unsere eigenen Mitteilungen und auch die unserer Kunden einsetzen. Dabei bedienen wir nicht nur unsere eigenen Kanäle, sondern auch PR-Portale und klassische (Print-)Redaktionen, abhängig vom Thema. In der heutigen Zeit sind die sozialen Netzwerke nicht mehr wegzudenken, da Sie in kürzester Zeit Ihre Zielgruppe direkt ansprechen können. Wo kann man das sonst schon?

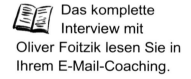

Das komplette Interview mit Oliver Foitzik lesen Sie in Ihrem E-Mail-Coaching.

Krisen-PR

Kapitel 5

Cool bleiben, wenn's heiß hergeht ...

Krisen mag keiner. Und wenn sie gar nicht erst auftreten – umso besser. Falls die Zeiten aber doch mal turbulent werden, ist es wichtig, vorbereitet zu sein. Wie Sie Krisen gekonnt meistern, zeigt Kapitel 5.

Krisen-PR: Cool bleiben, wenn's heiß hergeht

Unter dem Stichpunkt Krisen-PR stellen wir Ihnen im folgenden Kapitel Besonderheiten und Fehler dieser „Königsdisziplin" vor. Was tun, wenn die Krise über einen hereinbricht? Am besten gar nichts sagen? Hoffen, dass das Malheur keinem auffällt? Oder wenigstens nicht so vielen? Falsch! Der größte Fehler, den man begehen kann, wenn Fabrikationsfehler auftreten, Kündigungen anstehen, Kritik ins Haus flattert: abwarten und Tee trinken. Nichtstun ist also nicht der richtige Weg. Aber was dann?

In diesen Fällen kommt Krisen-PR zum Einsatz. Ist die gut geplant, steuern Sie sicher durch die Krise und aus ihr heraus. Wichtig: Machen Sie sich frühzeitig Gedanken, was passieren muss, wenn etwas schiefläuft. Wenn Sie damit erst beginnen, wenn Ihr Unternehmens-Image in Richtung Keller unterwegs ist, dann ist's definitiv zu spät. Die Krisenvorbereitung soll also abgeschlossen sein, bevor die Krise eintrifft – und trifft keine Krise ein, umso schöner! Gewappnet sind Sie aber trotzdem.

Ein klarer Plan gegen den Krisen-Schock

Nicht in Panik geraten: Krisen sind planbar. Wichtig ist nur, dass eine Krise Sie nicht mit „Überraschung!" kalt erwischt. Sie sollten deshalb vorher klären, wer wann was und wie zu sagen hat, wenn's mal heiß hergeht. Unvorbereitet in die Krise zu marschieren, kann fatale Folgen für Image und Umsatz Ihres Unternehmens haben. Denn obwohl es sich nach Bertolt Brecht oder Wilhelm Busch völlig ungeniert lebt, wenn der Ruf erst ruiniert ist, sehen das Kunden leider völlig anders. Vertrauen verloren, Kunde an die Konkurrenz verloren, Umsatzeinbuße. Das sind mögliche Folgen, wenn der Plan fürs Krisen-Szenario fehlt. Also: Planen Sie! Folgende Punkte sollten Sie dabei berücksichtigen …

Legen Sie vorher fest: Wer macht was wann?

Bei kleinen Unternehmen sind vermutlich alle in die Öffentlichkeitsarbeit integriert, wenn's brennt. Bei großen Firmen übernimmt das meist die PR-Abteilung oder Pressestelle. In jedem Fall sollten Sie über ein Krisen-Reglement nachdenken. Dieses sollte Verhaltensregeln für die Verantwortlichen und einen Ablaufplan für den Krisenfall enthalten. Machen Sie Übungen für den Ernstfall und spielen Sie ruhig einmal mögliche Szenarien durch. Auf die kommen Sie schnell mit einem Brain-

storming. Wenn beim Test alles glatt läuft, ist zumindest gewährleistet, dass alle Verantwortlichen wissen, wo ihre Aufgaben liegen und was zu tun ist, wenn es hart auf hart kommt. Zeigt die Übung noch Fehler in der Planung, können Sie wesentlich stressfreier nachbessern, als dies in der tatsächlichen Krise der Fall wäre.

Auch wichtig: Klären Sie vorher, welche Mitarbeiter sich gegenüber der Öffentlichkeit äußern dürfen. Sonst kann es schnell passieren, dass widersprüchliche Aussagen nach außen getragen werden. Oder ein Mitarbeiter zu viele Informationen preisgibt.

> **MERKE**
>
> Es gilt: Ihr Unternehmen muss in der Öffentlichkeit einheitlich kommunizieren. Das beugt Missverständnissen vor und vermittelt Seriosität.

Wenn nichts mehr hilft: Suchen Sie Hilfe!

Ein externer Krisenberater kann Ihnen aus der Patsche helfen, wenn Sie selbst nicht mehr weiterwissen. Damit haben Sie Profis in puncto Krisenstrategien an der Hand – was aber natürlich nicht die billigste Lösung ist. Dennoch: Ein guter Krisenberater kann Sie vorgreifend auf eine Krise vorbereiten und im Ernstfall helfen, die entwickelten Strategien umzusetzen. Ist die Krise dann überwunden, hilft er bei der Analyse Ihrer Krisenstrategie und zeigt klare Optimierungsansätze auf.

Wichtig: Da es sich bei Krisenberatern um Unternehmensberater handelt, die kein einheitliches Qualifikationsprofil haben, prüfen Sie vorher, ob sich der Berater speziell für Ihr Unternehmen und Ihre Bedürfnisse eignet. Nur so ist er wirklicher Experte auf Ihrem Gebiet und kann Ihnen sicher weiterhelfen – weil er die wirtschaftlichen und sozialen Zusammenhänge in Ihrer Branche kennt und versteht.

Transparent bleiben – nach außen und innen

Nur wer ehrlich auftritt, wird auch ernst genommen. Nichts ist schlimmer, als wenn Sie der Öffentlichkeit nicht die Wahrheit sagen und diese dann über Umwege nach außen dringt. Oder sich irgendwann nicht mehr verheimlichen lässt. Bitteres Paradebeispiel hierfür: Die Presseaktion von Tepco nach dem Atomunglück in Fukushima. *Kernschmelze? Auf*

keinen Fall, alles unter Kontrolle. Wenig später: *Na ja, vielleicht gab es doch eine – aber keine schlimme.* Natürlich etwas überspitzt dargestellt, aber Sie erinnern sich sicher, dass die Wahrheit hier sehr zögerlich ans Licht kam. Die Folge: im besten Fall nur Unverständnis, im schlimmsten scharfe Kritik. Also verschweigen Sie nichts und bleiben Sie bei der Wahrheit.

Interne Krisen müssen nicht unbedingt an die Öffentlichkeit gelangen – solange diese nicht betroffen ist. Allerdings muss es dann zumindest eines geben: Kommunikation nach innen. Hier geht es wieder um Vertrauen. Wenn Sie betroffenen Mitarbeitern wichtige Informationen verheimlichen, ist das ganz schnell futsch. Und dann fehlt auch schnell der wichtige Zusammenhalt in schwierigen Situationen. Denn Angestellte vertreten Ihr Unternehmen wiederum nach außen. Wissen sie nicht Bescheid, gelangen falsche Informationen und Gerüchte leicht an die Öffentlichkeit – und Ihr guter Ruf ist gefährdet.

Neuigkeiten, vor allem schlechte, kommen sowieso nach außen. Das heißt für Sie: Keine Zurückhaltung! Ergreifen Sie die Initiative und gehen Sie so schnell wie möglich selbst an die Öffentlichkeit. Damit zeigen Sie wiederum Seriosität und beugen unerwünschten Krisengerüchten vor. Agieren Sie selbst und lassen Sie sich nicht durch Gerüchte in die Enge treiben, aus der Sie nur noch *re*agieren können. Das schadet dem Image und ist außerdem schwieriger, als sofort selbst mit der Wahrheit ans Licht zu kommen. Bleiben Sie am Drücker!

NOTIZEN

....

....

....

....

....

Schritt für Schritt die Krise meistern – so geht's

Einen Krisenfahrplan aufzubauen gehört wohl zu den schwierigsten Dingen in solch einer Situation. Trotzdem gibt es ein paar Eckpunkte, die man beachten sollte. Denn wie beim Jonglieren mit vielen Bällen sind mehrere Dinge gleichzeitig „in Bewegung" und müssen weiter bewegt werden.

1. Analysieren Sie die Ziel- oder besser Betroffenen-Gruppe

Fragen Sie sich: Wer ist betroffen? Und wie? Wen sollten Sie informieren? Halten Sie die Betroffenen auf dem Laufenden und geben Sie positive *und* negative Entwicklungen der Lage schnell weiter. Informieren Sie darüber, wie Sie das Problem in den Griff bekommen wollen und welche Maßnamen Sie ergreifen, um einen Wiederholungsfall auszuschließen. Bleiben Sie in jedem Fall bei der Wahrheit und tun Sie auch wirklich etwas, um die Krise in den Griff zu bekommen. Und das möglichst zügig. Das stärkt das Vertrauen bei Mitarbeitern, Kunden und Partnern.

2. Lassen Sie sich helfen: Feedback als Waffe gegen die Krise

Auch hier steht das Vertrauen im Mittelpunkt. Sie stehen der Krise gemeinsam gegenüber. Gemeinsam heißt hier: zusammen mit Kunden, Mitarbeitern und Geschäftspartnern. Deswegen scheuen Sie sich nicht, alle Parteien um Feedback zu bitten. Je mehr Meinungen Sie bekommen, desto besser lässt sich ein Anti-Krisen-Plan in die Tat umsetzen. So stellen Sie sicher, dass Ihnen gute Ratschläge, Tipps, Verbesserungsvorschläge nicht durch die Lappen gehen. Dass Sie sich bei den Betroffenen entschuldigen und ehrlich zugeben, dass Fehler gemacht wurden, ist eine weitere gute Möglichkeit, Sympathie zu gewinnen und zu erhalten. Und zumindest eine Entschuldigung sollte sich eigentlich sowieso von selbst verstehen. In Kombination mit konkreten Plänen, wie Sie das Problem lösen möchten, ein guter Weg, um das Vertrauen in Ihr Unternehmen und Ihre Produkte zu bewahren.

3. „Fehler sind menschlich, aber bald ist alles wieder gut."

Im Normalfall stehen Ihre Kunden hinter Ihrem Unternehmen bzw. Ihren Produkten. Sonst wären sie nicht Ihre Kunden. Und genau zu diesem Normalfall möchten Sie schnellstmöglich wieder zurückkehren. Weisen Sie ruhig darauf hin, dass sowohl in der Vergangenheit als auch in der nahen Zukunft viel mehr gut als schlecht gelaufen ist – und wieder

laufen wird. Schon sieht das Problem nicht mehr ganz so schlimm aus. Und vor allem erkennen die Betroffenen, dass Sie die Krise nicht auf die leichte Schulter nehmen, sondern im Gegenteil alles daran setzen, zügig wieder in alte (erfolgreiche) Bahnen zurückzurudern. Sie gehen also konstruktiv mit der Situation um und gestärkt aus ihr heraus.

4. Apropos herausgehen: Nach der Krise soll nicht vor der Krise sein

Nach dem Spiel ist vor dem Spiel. Im Fußball mag das zutreffen. Bei Krisen sollte es das natürlich nicht. Das heißt: Teilen Sie der Öffentlichkeit mit, dass die Krise gemeistert ist, dass Sie aus den Fehlern gelernt haben und dass sich diese nicht wiederholen werden. Im besten Fall bleiben Sie der Öffentlichkeit so mit einer positiven Meldung im Kopf.

Eine ausführliche Checkliste „Krisen-PR" zum Ausdrucken erhalten Sie ganz einfach über Ihr Coaching-System.

Krisen-PR und Social Media

Social Media ist schnelllebig. Deshalb muss auch die Krisen-Kommunikation dort beinahe in Echtzeit stattfinden. Je schneller Sie auf Fragen und Probleme reagieren, desto schneller können Missverständnisse aus der Welt geschafft werden. Das ist kundenfreundlich und nah am User. In hitzigen Diskussionen gilt hier: Argumentieren Sie planvoll und sachlich – lassen Sie sich nicht zu emotionalen Streitgesprächen hinreißen.

So nehmen Sie dem „Shitstorm" den Wind aus den Segeln. Und gewinnen durch eine logische Argumentation im besten Fall verständnisvolle Anhänger, die auf Ihrer Seite mitdiskutieren. Übrigens: „Shitstorm" nennt man das Internet-Phänomen, bei dem in massenhaften Beiträgen sachliche mit unsachlicher Kritik vermischt wird. Häufig sind die Kommentare aggressiv, beleidigend oder sogar bedrohend. Je mehr Onliner hier für Ihre Sache eintreten, desto weniger Platz bleibt den extremen Kritikern für unqualifizierte und unangemessene Beiträge.

Welches soziale Netzwerk in der Krise bedienen?

Twitter ist sicher nicht der digitale Ort, um individuell mit den Followern in einer Krisensituation zu kommunizieren. Dafür bietet sich ein Blog, ein Forum oder Facebook eher an, zumal sie eine differenzierte Reaktion erlauben. Warum? Zu viele individuelle „Gesprächspartner", die entweder Copy-Paste-Antworten bekommen und im News-Stream dann dauernd dasselbe lesen. Oder die tatsächlich individuell betreut werden müssen – was einen extremen Zeitaufwand bedeutet.

Best Practice: Krisen-PR und Social Media

Im Juni 2011 veröffentlichte Kommunikationsberater und Reputationsmanager Klaus Eck in seinem Blog „PR-Blogger" einen Artikel über die Krisen-PR des WWF. Was passieren kann, wenn man auf einen „Shitstorm" nicht vorbereitet ist, und wie man trotzdem den Kopf aus der Schlinge zieht, lesen Sie in diesem Best-Practice-Beispiel von Klaus Eck.

Klaus Eck

Kommunikationsberater Klaus Eck hat sich auf die Themen Corporate Blogs, Social-Media-Marketing sowie Online-Reputation-Management spezialisiert. Er hilft mit seinem Unternehmen Eck Kommunikation beratend beim Aufbau und bei der Pflege einer eindeutigen Markenpositionierung im Internet, baut die Online-Reputation von Unternehmen auf und setzt dazu unter anderem die Social-Media-Möglichkeiten des Webs gezielt für die Online-PR ein.

Sein PR-Blogger.de ist das erfolgreichste deutsche Fachblog zur Online-Kommunikation. Klaus Eck ist zudem ein gefragter Social-Media-Experte, Redner und Interviewpartner.

Krisen-PR: Der WWF & der Panda in der Transparenz

Haben Sie die Diskussion um den WWF auf Twitter, Facebook oder in Blogs verfolgt oder nur die (etwas geringere) Medienberichterstattung mitbekommen? Immerhin war der WWF einige Tage Trending-Topic auf Twitter. Im Spiegel wurde daraus ein „PR-Desaster". Manchmal reicht ein Filmbeitrag aus, um die Reputation eines Unternehmens in seinen Grundfesten zu erschüttern. Dieses ist dem Grimme-Preisträger Wilfried Huismann mit seiner WDR-Dokumentation "Der Pakt mit dem Panda" gelungen. In seinem Film vom 22. Juni 2011 wird die Umweltorganisation WWF harsch kritisiert. Der Filmemacher geht der Frage nach, ob die Wirtschaftsnähe des World Wide Fund for Nature (WWF) kontraproduktiv sei für die Rettung der letzten intakten Ökosysteme der Welt. Letztlich wirft er dem WWF vor, für seine Spenderunternehmen im großen Stil Greenwashing zu betreiben.

In zahllosen journalistischen und Blog-, Facebook- und Twitter-Beiträgen wird behauptet, dass der WWF nicht angemessen auf die Vorwürfe reagiert hat.

Kapitel 5
Krisen-PR

SGV Workbook: Pressearbeit einfach machen!

PRAXIS

Versetzen Sie sich einmal selbst in die Lage des WWF: Auf verschiedensten Plattformen hagelt es Kritik. „Greenwashing"-Rufe werden laut. Wie würden Sie reagieren? Notieren Sie in Stichpunkten.

Übrigens: „Greenwashing" steht für PR-Aktionen, die ein Unternehmen in der Öffentlichkeit als besonders umweltfreundlich und verantwortungsbewusst darstellen sollen. Der Begriff wird in diesem Zusammenhang sehr kritisch verwendet.

Die „Auflösung" lesen Sie im kompletten Artikel von Klaus Eck in Ihrem E-Mail-Coaching.

Juristisches

Kapitel 6

Ein bisschen Recht, wenn's recht ist ...

Auch für die PR-Arbeit gelten natürlich die Spielregeln der Presse. Alles Wissens- und Beachtenswerte zu diesem Thema lesen Sie auf den folgenden Seiten.

JURISTISCHES

Kapitel 6
Juristisches

Der Vollständigkeit halber:
Juristische Aspekte der PR-Meldung

Sie haben das perfekte Thema gewählt, wissen, wie Sie es in die richtige Form bringen, haben den optimalen Plan, wie Sie damit in die Medien kommen? Dann gibt es immer noch einen Punkt, den Sie beachten müssen. Auch für die PR-Arbeit gelten natürlich die Spielregeln der Presse. Was muss man beim Recherchieren und Verfassen von Pressemeldungen beachten, um auf der juristisch sauberen Bahn zu bleiben? Und was kann man medienrechtlich tun, wenn das eigene Unternehmen in der Presse mal schlecht wegkommt?

Wer sich über journalistisch-ethische Grundregeln informieren will, sollte einen Blick in den „Pressekodex" werfen. Darin hat der Deutsche Presserat 1973 in Zusammenarbeit mit den Presseverbänden Richtlinien zu eben diesem Thema festgelegt. Praktisch: Den Kodex gibt's online in der aktuellen Fassung vom 3. Dezember 2008. Entsprechend zum deutschen Pressekodex verwendet man in Österreich übrigens den „Ehrenkodex für die österreichische Presse" und in der Schweiz die „Erklärung der Pflichten und Rechte der Journalistinnen und Journalisten".

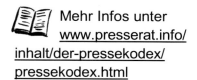
Mehr Infos unter
www.presserat.info/inhalt/der-pressekodex/pressekodex.html

__Wahrhaftigkeit__

„Was du nicht willst, was man dir tu ..." Genauso, wie Sie selbst erwarten, dass die Informationen in Zeitung, Fernsehen oder Radio korrekt sind, so tut das auch der Journalist, dem Sie Ihre Pressemitteilung schicken. Deshalb gilt ganz klar: Das oberste Gebot in der Pressearbeit ist die „Achtung der Wahrheit, die Wahrung der Menschenwürde und die wahrhaftige Unterrichtung der Öffentlichkeit". Recherchieren Sie also gründlich und liefern Sie nur fundierte Informationen. Das weist Sie als vertrauenswürdigen Lieferanten von Informationen aus, und Pressevertreter nehmen Sie als kompetenten und gern gesehenen Ansprechpartner wahr.

In diesem Zusammenhang spielt natürlich auch Transparenz eine wichtige Rolle. Wer wild spekuliert, dann auffliegt und im Nachhinein Informationen revidieren muss, fällt negativ auf. Denn damit widerspricht man dem höchsten Gebot des Journalismus. Und wen wundert's: Das haben

Journalisten gar nicht gerne. Sollte versehentlich dennoch einmal eine Nachricht veröffentlicht werden, die sich als falsch herausstellt, ist es an Ihnen, diese so schnell wie möglich richtigzustellen. Sonst schaden Sie dem Firmen-Image – und das nachhaltiger, als man zunächst annehmen würde.

Vollständigkeit

Nichts verbergen! Journalisten erwarten vollständige Meldungen mit sachlichen und umfassenden Informationen. Denn: Sie sind der Experte, wenn es um eine Nachricht aus oder zu Ihrem Unternehmen geht. Also halten Sie nicht mit Details hinter dem Berg.

Auch wenn die Versuchung groß ist: Versuchen Sie nicht, heimlich Ihr neuestes Produkt mit überschwänglichen Worten anzupreisen. Der Pressekodex legt fest, dass es eine klare Trennung zwischen redaktionellem Text und Veröffentlichungen zu werblichen Zwecken geben muss. Sie wollen, dass Ihre Pressemitteilung veröffentlicht wird? Dann achten Sie auf journalistisch-objektiven Stil!

Anspruch auf Gegendarstellung

Ihr Unternehmen kommt in einem Artikel schlecht weg und Sie fühlen sich benachteiligt? Dann nutzen Sie Ihr Recht auf Gegendarstellung. Dabei müssen Sie allerdings beachten, dass die subjektive Bewertung durch den Journalisten der Presse- und Meinungsfreiheit untersteht. Hier haben Sie also schlechte Karten. Aber es gibt natürlich auch Ausnahmen: nämlich offensichtlich falsche Bewertungen, die zu beleidigenden, image- oder geschäftsschädigenden Inhalten geführt haben.

Wer hat Anspruch auf Gegendarstellung? Jede Person, Personenvereinigung oder Stelle (also beispielsweise auch AGs oder Behörden), die von einer solchen Darstellung betroffen ist. Damit die falsche Aussage nicht einfach so stehen bleibt, dürfen Sie Ihre eigene Sichtweise des Sachverhalts im selben Medium (Print, Online oder Rundfunk) präsentieren.

Verankert ist das Ganze in Deutschland in den Pressegesetzen sowie den Rundfunk- und Mediengesetzen der Bundesländer, ebenso im Rundfunkstaatsvertrag. Und wann besteht tatsächlich der Anspruch darauf, dass eine Gegendarstellung auch veröffentlicht wird?

Hier gibt's die Voraussetzungen auf einen Blick:

- Der Betroffene, und nur dieser, kann sein berechtigtes Interesse auf Gegendarstellung geltend machen.

- Dieses Interesse besteht dann, wenn zum Beispiel das allgemeine Persönlichkeitsrecht verletzt wurde. Also etwa Name oder Bild ohne Zustimmung für werbliche Zwecke verwendet wurden.

- Bei einer Gegendarstellung geht es nicht darum, die Wahrheit herauszufinden. Sie bietet dem Betroffenen lediglich die Möglichkeit, kurzfristig und unkompliziert Stellung zu nehmen.

Aber was bringt das, wenn die Wahrheit nicht ans Licht kommt? Es geht hierbei tatsächlich nur darum, einen möglichen Image- und finanziellen Schaden für den Betroffenen gering zu halten.

Da das alles schnell über die Bühne gehen soll, haben Sie auch nur kurz Zeit, um eine Gegendarstellung einzufordern. In der Regel bleiben Ihnen 14 Tage nach dem Veröffentlichungsdatum der ursprünglichen Berichterstattung. Haben Sie die Gegendarstellung eingefordert, geht's schnell – oder sollte es zumindest. Das Herausgeber-Medium muss diese in der nächsten Ausgabe veröffentlichen. Und das nicht klein gedruckt, damit es niemand bemerkt. Sondern sowohl in Platzierung als auch Layout genauso wie der beanstandete Beitrag.

Formale Anforderungen für die Gegendarstellung:

 Der Umfang soll den des ursprünglichen Artikels nicht überschreiten.

 Die Gegendarstellung muss vom Betroffenen selbst schriftlich eingefordert und unterschrieben werden.

 Adressat der Gegendarstellung kann der verantwortliche Redakteur oder der Name des Verlags oder der Publikation sein.

 Der beanstandete Artikel muss in der Gegendarstellung exakt genannt und zitiert werden.

 Die Gegendarstellung darf nur reine Tatsachen-Behauptungen enthalten. Keine Meinungsäußerungen!

Kapitel 6
Juristisches

Wie war's? Die Wissensfragen ...

Nun sind wir am Ende Ihres Workbooks angelangt. Zumindest am Ende der Print-Ausgabe. Zum Abschluss haben wir noch ein paar einfache Kontrollfragen für Sie zusammengestellt. Wenn Sie Ihr Trainingsbuch durchgearbeitet haben, sollten Sie diese Fragen ganz einfach beantworten können.

> **Das Coaching-System: Einfach weiterlernen und vertiefen ...**
>
> Workbooks aus dem SGV Verlag sind mit dem Ende der Print-Ausgabe noch lange nicht zu Ende. Denn 30 Tage lang begleitet Sie Ihr Workbook per E-Mail. So vertiefen Sie Gelesenes und Gelerntes, bekommen zusätzliches Übungsmaterial und werden nach und nach zum PR-Profi.
>
> Das Beste daran: Das System ist einfach. Täglich erhalten Sie neue Informationen, die in wenigen Minuten bearbeitbar sind. So lässt sich jedes Workbook ganz einfach in Ihren Arbeitsalltag integrieren. Denn Sie lernen weiter. Schritt für Schritt – ohne von zu vielen Informationen auf einen Schlag „überfallen" zu werden. Ihr Wissen wächst ganz einfach. Tag für Tag und Mail für Mail.
>
> Wenn Ihr Coaching-System per E-Mail noch nicht aktiviert ist – gleich starten! Ab Seite 105 lesen Sie, wie's geht.

Viel Spaß beim Weiterlernen wünschen

Stefan Gottschling und das SGV-Team

Wissenstest

Kapitel 7

Einfach mal nachgefragt ...

Damit Sie das Gelernte weiter vertiefen, kommen hier die Wissensfragen zu Ihrem Workbook. Legen Sie gleich los. Viel Spaß dabei!

WISSENSTEST

Kapitel 7
Wissenstest

WISSEN

W1. PR ist nicht gleich Marketing. Was sind die Hauptunterschiede?

....

....

....

Die Musterlösungen zum Wissenstest finden Sie in Kapitel 8.

W2. Eine gute Pressemitteilung sollte immer zwei Zielgruppen ansprechen. Welche sind das?

....

....

W3. Kurzmeldungen schaffen es häufig als Lückenfüller in die Zeitung. Was sollten Sie daher beim Schreiben beachten?

....

....

....

W4. Welche Nachrichtenfaktoren gibt es? Welche dieser Faktoren sollte jede Pressemeldung bedienen?

....

....

....

....

Kapitel 7
Wissenstest

SGV Workbook: Pressearbeit einfach machen!

WISSEN

W5. Ihre Firmen-Webseite ist eine zentrale Anlaufstelle für interessierte Journalisten. Was gehört in den Online-Pressebereich?

....

....

....

W6. Warum ist Transparenz gerade in Krisenzeiten so wichtig?

....

....

....

W7. Was sind die wichtigsten Schritte zur Bewältigung einer Krise?

....

....

....

....

W8. Pressekodex: An welche journalistisch-ethischen Grundregeln sollten Sie sich halten? Was steckt hinter diesen Grundsätzen?

....

....

....

Musterlösungen — Kapitel 8

Musterlösungen zum Wissenstest und zu den Praxisaufgaben ...

Auch wenn hier „Musterlösungen" steht – denken Sie daran: Es gibt viele Wege zur erfolgreichen Pressearbeit. Üben Sie, probieren Sie. Hier präsentieren wir Ihnen erste Vorschläge.

LÖSUNGEN

Musterlösungen zum Wissenstest

W1. PR ist nicht gleich Marketing. Was sind die Hauptunterschiede?

PR umfasst alle Instrumente, durch die das Ansehen eines Unternehmens in der Öffentlichkeit gesteuert wird. Mit guter PR kann man Vertrauen in Produkte und Dienstleitungen, aber auch Transparenz aufbauen. Das beeinflusst (indirekt) natürlich auch die Nachfrage. Trotzdem kann man PR nicht mit Marketing gleichsetzen. Marketing wird vom Unternehmen gesteuert, während Pressemitteilungen immer durch eine Redaktion vorgefiltert werden. Weiterer Unterschied: die Tonalität. Im Marketing werblich, in der Pressearbeit journalistisch.

W2. Eine gute Pressemitteilung sollte immer zwei Zielgruppen ansprechen. Welche sind das?

Erst einmal muss jede Pressemeldung den Journalisten überzeugen. Nur wenn sie das tut, hat sie eine Chance auf Veröffentlichung. Sie muss aber immer auch die Leser des jeweilgen Mediums im Blick haben und für diese relevant und lesenswert sein.

W3. Kurzmeldungen schaffen es häufig als Lückenfüller in die Zeitung. Was sollten Sie daher beim Schreiben beachten?

Die Kurzmeldung ist fester Bestandteil jeder Pressemitteilung. Sie fasst den Inhalt der Meldung in wenigen Sätzen zusammen. Hier bringen Sie die wichtigsten Infos knapp auf den Punkt. Orientierung liefern dabei die W-Fragen. Mindestens die ersten vier davon (Wer? Was? Wo? Wann?) sollte man hier beantworten.

W4. Welche Nachrichtenfaktoren gibt es? Welche dieser Faktoren sollte jede Pressemeldung bedienen?

- <u>Aktualität</u>
- <u>Nähe</u>
- Human Interest
- Prominenz / öffentl. Bedeutung
- Action und Drama
- Sex / Liebe
- Folgenschwere
- Konflikt
- Fortschritt
- Originalität / Kuriosität

Kapitel 8
Musterlösungen

SGV Workbook: Pressearbeit einfach machen!

LÖSUNGEN

W5. Ihre Firmen-Webseite ist eine zentrale Anlaufstelle für interessierte Journalisten. Was gehört in den Online-Pressebereich?

In Ihrem Online-Pressebereich sollten immer aktuelle und ältere Pressemitteilungen, Infos zum Unternehmen, Kontaktmöglichkeiten und Bildmaterial zu finden sein. Außerdem freuen sich Besucher über Studien und Branchenreports, Fachartikel, einen Pressespiegel sowie weiterführende Links, Videos und so weiter.

W6. Warum ist Transparenz gerade in Krisenzeiten so wichtig?

Schlechte Nachrichten kommen immer ans Licht. Daher sollten Sie von vornherein ehrlich agieren und selbst die Initiative ergreifen. Ein großes Plus für Ihre Seriosität. Und Sie können auf diese Weise Gerüchten den Boden entziehen. So bleiben Sie handlungsfähig, weil Sie nicht nur auf Medienberichte reagieren, sondern diese aktiv mitgestalten.

W7. Was sind die wichtigsten Schritte zur Bewältigung einer Krise?

1. Finden Sie heraus, wer von der Krise betroffen ist, und informieren Sie die Gruppe wahrheitsgemäß.
2. Nehmen Sie Hilfe an und entschuldigen Sie sich nicht erst, wenn eine Entschuldigung eingefordert wird.
3. Zeigen Sie, dass Ihnen alles daran liegt, wieder zur Normalität zurückzukehren.
4. Informieren Sie die Öffentlichkeit darüber, dass die Krise überwunden ist. Und machen Sie klar, dass Sie aus Ihren Fehlern gelernt haben.

W8. Pressekodex: An welche journalistisch-ethischen Grundregeln sollten Sie sich halten? Was steckt hinter diesen Grundsätzen?

- <u>Wahrhaftigkeit</u>: Stellen Sie fundierte Informationen zur Verfügung und bleiben Sie jederzeit transparent.
- <u>Vollständigkeit</u>: Liefern Sie umfassende und sachliche Informationen und achten Sie dabei auf eine klare Trennung zwischen redaktionellen und werblichen Inhalten.
- <u>Gegendarstellung</u>: Einen Anspruch darauf haben Sie. Allerdings nur bei offensichtlich falschen Infos zu Ihrem Unternehmen – nicht bei einer subjektiven Bewertung durch den Verfasser.

Kapitel 8
Musterlösungen

SGV Workbook: Pressearbeit einfach machen!

LÖSUNGEN

Musterlösungen zu den Praxisaufgaben

P1. Erinnern Sie sich? Im Februar 2012 hatte eine Kältewelle Deutschland und Europa wochenlang fest im Griff. Eine Steilvorlage für die Presse, um mit knackigen Headlines die drei Arten von Betroffenheit auszulösen. Texten Sie weitere Schlagzeilen zum Thema, die emotionale, fachliche oder persönliche Betroffenheit wecken.

Emotionale Betroffenheit:

    Kältewelle in Europa: Hunderte Menschen sterben durch
    eisige Temperaturen

    Strenger Winter sorgt für Chaos

Fachliche Betroffenheit

    Globale Erwärmung: Klimawandel schuld an Kältewelle

    Kältewelle – Dauerfrost macht Immobilien zu schaffen

Persönliche Betroffenheit

    Gefühlte minus 35 Grad: Tipps gegen die Eiseskälte

    Stromausfälle und Gas-Engpässe befürchtet

P2. Hier sehen Sie zwei Meldungen aus der Zeitung. Ordnen Sie zu: Welche Nachrichtenfaktoren werden hier bedient?

    Rekord-Lottogewinn in spanischem Dorf
    Der Mann ohne Los

→ Human Interest, (psychologische) Nähe, Drama, Folgenschwere

    Verkehrssünderkartei
    Ramsauer reformiert Punkte-Datei Flensburg

→ Aktualität, Nähe, öffentliche Bedeutung, Folgenschwere

Kapitel 8
Musterlösungen

SGV Workbook: Pressearbeit einfach machen!

LÖSUNGEN

P3. Noch mehr Wortmonster, die mittels Bindestrich gezähmt werden wollen:

Vorgängergesellschaft → *Vorgänger-Gesellschaft*

Feierabendverkehrsdichte → *Feierabend-Verkehrsdichte*

Endloswarteschleifenmusik → *Endlos-Warteschleifen-Musik*

P4. „Übersetzen" Sie in eine neutrale Formulierung:

Diese Accessoires sind ein absolutes Muss für jeden Kleiderschrank.

Die BauFit AG erledigt vom Trockenbau bis hin zu Malerarbeiten alle anfallenden Projekte.

P5. Streichen Sie Hilfsverben und machen Sie die Sätze so schneller.

Die Referenten gewähren umfassende Einblicke und berufen sich dabei auf ihre fachliche Expertise.

Gibt es innerhalb von 14 Tagen keine Rückmeldung, endet das Programm automatisch.

P6. Formulieren Sie positiv!

unkompliziert → *schnell, bequem, klar*

sorgenfrei → *beruhigt, in Ruhe, glücklich*

ohne Zweifel → *bestimmt, sicher, natürlich*

nicht schwer → *einfach, leicht*

P7. Übersetzen Sie die Worthülse „aktuell". Wie kann man noch dazu sagen? Finden Sie mindestens 3 Alternativen.

modern, in, (brand)neu, zeitgemäß, fortschrittlich, modisch, brisant

LÖSUNGEN

P8. Formulieren Sie knackige Headlines zu den folgenden Kurzmeldungen.

1. Psychologen bestätigen: Vorname hat Einfluss aufs Online-Flirten

   Partnersuche: Schlechte Karten für Mandy und Kevin

2. Schlafstörungen: Wenn Schäfchen zählen nicht mehr hilft ...

   Müdigkeit ade – Tipps für einen guten Schlaf

Weiter im Text

Kapitel 9

Damit es gut weitergeht ...

Bücher, Tipps und viele Texter-Werkzeuge,
die Ihnen beim täglichen Schreiben helfen.

Kapitel 9
Weiter im Text ...

Literatur-Verzeichnis

Die Inhalte dieses Workbooks basieren auf den Büchern, Aufsätzen, Fachbeiträgen und Seminaren von Stefan Gottschling.

Grundlagen

Gottschling, Stefan: Lexikon der Wortwelten. Das So-geht's-Buch für bildhaftes Schreiben 3., erweiterte Auflage. Augsburg: SGV Verlag, 2010.

Gottschling, Stefan (Hrsg.): Online-Marketing-Attacke. Das So-geht's-Buch für messbar mehr Verkäufe im Internet. Augsburg: SGV Verlag, 2010.

Gottschling, Stefan (Hrsg.): Marketing-Attacke. Das So-geht's-Buch für messbar mehr Verkäufe. 2. Auflage. Augsburg: SGV Verlag, 2009.

Gottschling, Stefan: Stark texten, mehr verkaufen. Kunden finden, Kunden binden mit Mailing, Web & Co. 3., erweiterte Neuauflage. Wiesbaden: Gabler, 2007.

Gottschling, Stefan: Was uns in den Kopf will und was nicht oder Was Ihr Text tun kann, damit er schneller ankommt. In: Winter, Jörn (Hrsg.): Handbuch Werbetext. 2., erweiterte Auflage. Frankfurt / Main: Deutscher Fachverlag, 2004.

Weitere Quellen

Cornelsen, Claudia: Das 1x1 der PR. So haben Sie mit Public Relations die Nase vorn. 4., überarbeitete Auflage. Planegg: Rudolf Haufe Verlag, 2002.

Forthmann, Jörg (Hrsg.): Praxishandbuch Public Relations. Mehr Erfolg für Kommunikationsexperten. Weinheim: WILEY-VCH Verlag, 2008.

Heinrich, Jürgen: Medienökonomie. Band 1: Mediensystem, Zeitung, Zeitschrift, Anzeigenblatt. 2. Auflage. Wiesbaden: VS Verlag für Sozialwissenschaften, 2001.

Journalistenstudie 2007 (URL: www.journalistenstudie.de).

Pürer, Heinz / Raabe, Johannes: Presse in Deutschland. Stuttgart: UTB, 2007.

Die Literaturliste ist ein kleiner Ausschnitt der vielen Informationen, die in dieses Workbook eingeflossen sind. Sie soll einfach zum Lesen anregen. Internet-Quellen sind an dieser Stelle nicht genannt, da sonst lange Linklisten folgen müssten. Web-Hinweise finden Sie entweder direkt im Text oder als Link in den begleitenden E-Mails Ihres Coaching-Systems.

Kapitel 9
Weiter im Text …

Zum guten Schluss …

Nun haben Sie es geschafft. Ihr Workbook ist zu Ende. Wir hoffen, es hat Ihnen Spaß gemacht und Sie konnten viele neue Ideen für Ihre künftige Presse- und Öffentlichkeitsarbeit gewinnen.

Ganz wichtig: Wenn Sie sich noch nicht für Ihr E-Mail-Coaching registriert haben, holen Sie das unbedingt schnell nach. Denn das Coaching erweitert Ihr Workbook noch einmal.

Ihr Workbook ist ja ein Konzept, das mit der letzten Seite dieses Buches noch nicht zu Ende ist. Mit Ihrem E-Mail-Coaching bleiben Sie Tag für am Ball. 30 Tage lang. Und wenn Sie wollen, sogar noch länger, falls Sie weitere Wissensbausteine anhängen.

Jede E-Mail, die Sie in den nächsten Wochen aus der Workbook-Redaktion erreicht, ist eine weitere kleine Lektion, die Ihre Fähigkeiten fördert, Neues liefert oder einfach dafür sorgt, dass das Gelernte sich 30 Tage lang immer weiter verfestigt. Ganz bewusst erhalten Sie eine Mischung aus zusätzlichen Informationen, noch ausführlicheren Interviews, Links, Beispielen, Checklisten und Arbeitsaufgaben.

Was uns natürlich besonders interessiert: Wie sind das Workbook und das begleitende E-Mail-Coaching bei Ihnen angekommen? Vielleicht haben Sie weitere Ideen, Wünsche – oder Sie sagen uns einfach, wenn Ihnen diese neuartige Kombination gefallen hat. Wir freuen uns auf Ihre Nachricht an <u>info@sgv-verlag.de</u>.

Kapitel 9
Weiter im Text ...

... geht es auf der Website des SGV Verlags und mit den Büchern von Stefan Gottschling.

Alle Infos zu Büchern, Workbooks, Webinaren und anderen Produkten aus dem SGV Verlag finden Sie unter www.sgv-verlag.de.

Online-Shop: www.sgv-verlag.de/shop
Bestell-Telefon: 0906 / 705 816 264
Bestell-E-Mail: leserservice@auer-medien.de

Der aktuelle Textertipp – und Ihr Workbook geht weiter ...

Als Service für alle Leser schreibe ich jeden Monat einen neuen Textertipp: Aktuelle Text-Themen, konkrete Praxishilfen oder Techniken, die Ihre Texte weiter verbessern – wie immer praktisch und sofort umsetzbar. Schauen Sie dazu am besten gleich auf sgv-verlag.de/textertipp.html vorbei.

Und damit Sie in Zukunft nichts verpassen, registrieren Sie sich am besten gleich. Dann erhalten Sie regelmäßig exklusive Auszüge aus meinen Büchern, Vorab-Leseproben aus aktuellen Neuerscheinungen, Einladungen zu Webinaren und, und, und. Gehören Sie zu den Ersten, die über Neuerungen aus dem SGV Verlag informiert werden und exklusive Testzugänge erhalten!

Der Texterclub auf Facebook

Ihr direkter Draht für alle Fragen rund um den (Werbe-)Text. Hier finden Sie aktuelle und nützliche Infos und Inhalte – und immer wieder was zu gewinnen. Gleich Fan werden unter www.facebook.de/texterclub.

Wie verständlich ist Ihr Text? Der Textinspektor sagt's Ihnen ...

Satzlängen, Wortlängen und Co.: Worauf Sie beim Schreiben guter und leicht verständlicher Pressemeldungen achten müssen, haben Sie in diesem Workbook gelesen. Um Ihnen das mühselige Zählen zu erleichtern, haben wir den Textinspektor entwickelt. Dieses kostenlose Online-Tool zeigt, wie verständlich Ihr Text ist, und deckt Schwächen in Satz- oder Wortlängen auf. Ganz einfach unter www.textinspektor.de.

Der Autor

Stefan Gottschling ist erfahrener Fachautor, Marketing-Profi und Texter aus Leidenschaft. Der studierte Pädagoge, Germanist und Direktmarketing-Fachwirt (BAW) hat über 20 Jahre Kommunikations-Erfahrung. Er war mehrere Jahre als Texter und Kreativchef in einem Fachverlag tätig und arbeitete eng mit Prof. Siegfried Vögele zusammen. Als Geschäftsführer seiner Print- und Multimedia-Agentur erhielt er den deutschen PR-Preis, war Gründungsgesellschafter der Textakademie GmbH und dort lange Zeit Geschäftsführer.

Viele Tausend begeisterte Zuhörer haben bis heute seine Texterseminare und Vorträge besucht. Gottschling ist Vorstand des Instituts für messbare Werbung und Verkauf in Klagenfurt. Er entwickelt als Verleger neue Buchkonzepte und ist Autor mehrerer Fachbücher und vieler Fachbeiträge. Seine Bücher gehören zu den Standardwerken der Texterausbildung. Beruflicher Schwerpunkt heute ist die Geschäftsleitung des SGV Verlags und des Texterclubs sowie die Beratung zahlreicher namhafter Unternehmen.

Die Redaktion

Kristina Würz ist Programmleiterin, Redakteurin und Lektorin. Ein Vielsprachentalent mit Verlagsbackground. Sie hat in Augsburg und Sevilla (Spanien) Linguistik und Ethnologie studiert, hat Wörterbücher gemacht und kann erklären, dass Morpheme keine Monster sind. Mit spitzer Feder schreibt sie Beiträge über die Sprache – und hat den magischen Blick, der Rechtschreibfehler schon aus der Ferne erkennt. Allerdings ärgert sie sich manchmal darüber, dass es für diese „Berufskrankheit" beim Lesen in der Freizeit keinen Knopf zum Abschalten gibt.

Michael Hewuszt ist Redakteur, Lektor und unser Mann fürs Web 2.0. Er begleitet Texte von der Entstehung, über die Optimierung, bis hin zu den Spuren, die sie im Bereich Social Media hinterlassen. Sein Weg begann durch ein Studium der Germanistik und Theologie mit Goethes Gretchenfrage: „Nun sag, wie hast du's mit der Religion?" Heute findet er Antworten rund ums Thema Sprache und Text in den Projekten des SGV Verlags und im Texterclub auf Facebook, Twitter, Google+ und Co.

Index

Kapitel 10

INDEX

Von A wie Abbinder bis Z wie Zwischenüberschrift ...

Zum gezielten Nachschlagen: Hier finden Sie alle wichtigen Stichwörter auf einen Blick.

Kapitel 10
Index

Stichwort-Verzeichnis

A
Abbinder 30
Ansprechpartner 12, 30, 54

B
Betroffenheit 31 ff., 94
Blog 60, 65, 80 f.
Boilerplate 12, 30, 47

C
Clipping-Service 23

E
Eigenveröffentlichung 21
E-Mail 25, 51, 61

F
Facebook 62 ff., 69, 80 f., 100
Fachwortschatz (→ Fremdwörter)
Fallstudie 21
Firmen-Krise (→ Krisen-PR)
Floskeln 41, 43
Fremdwörter 12, 47

G
Gegendarstellung 85 f., 93
Google 60, 68
Google+ 58, 64 f., 69 f., 74

H
Hauptwortstil 40
Headline 9, 12, 25 f., 30
Hilfsverben 39, 43

I
Indefinitpronomen 38

J
Journalist 15 ff., 49, 58 ff.

K
Kontaktdaten (→ Ansprechpartner)
Kopfzeile (→ Headline)
Krisen-PR 75 ff.
Krisen-Reglement 76
Kurzmeldung 12, 27, 61, 66

L
Langtext 27, 29 f.
Lead(-in) 23, 27

M
Marketing 19, 71
Modewörter 38, 43

N
Nachrichtenfaktoren 34, 52 f.
Nachrichtenportale 73
Newsdesk 49
Newsroom 49, 59
No-gos (→ Unwörter)
Nominalstil (→ Hauptwortstil)

O
Öffentlichkeitsarbeit 19, 61 f., 69 f.
Online
 -first 49
 -PR 58 ff., 68 ff.
 -Pressebereich 20, 58
 -Strategie 58
 -Trends (→ PR-Trends)
Optimierungsansätze 12

Kapitel 10
Index

P
Personalpronomen 38, 43
Post 17, 25, 28, 51
PR
 -Instrumente 20
 -Portale 60
 -Trends 70
Presse
 -Arbeit 15, 19 ff., 46, 60 ff.
 -Bereich (→ Online-Pressebereich)
 -Gespräch 21
 -Kodex 84 f.
 -Konferenz 21
 -Mappe 20
 -Meldung 10, 19 ff., 25, 31, 37, 46, 61, 73, 84
 -Mitteilung (→ Pressemeldung)
 -Rat 84
 -Verteiler 54
 -Unterlagen 20
Print
 -Medium 54
 -Redaktion 74

Q
Quartalsbericht 21

R
Redakteur (→ Journalist)
Redaktion 17, 25 ff., 49 ff.
Redigieren 16, 36 ff., 42 ff., 50
Reintext 36
Ressort 49
Rohtext 36

S
Satzlänge 37
SEO 71
Shitstorm 80 f.
Social Media
 -Dialog 71
 -Newsroom 17, 20, 58
 -PR 68
Social Networks 58, 61 f.
Struktur 16, 25
Subline 26
Suchmaschinen-Optimierung
 (→ SEO)

T
Themenwahl 53
Transparenz 81, 84
Twitter 66, 69, 80 f.

U
Überschrift (→ Headline)
Unwörter 41, 43

V
Verteiler 52, 54
Vertriebs-PR 22

W
Web 2.0 58, 70
Werbung 18 f., 29, 62
W-Fragen 27, 29
Wortlänge 12, 37, 43

X
Xing 56, 64

Y
Youtube 20, 58, 68

Z
Zeichenzahl 12, 27
Zeitungsredaktion 49 ff.
Zielgruppe 18, 25, 52
Zielperson (→ Zielgruppe)
Zwischenüberschrift 12, 28

Das Coaching

Kapitel 11

So starten Sie Ihr Coaching-System ...

Schritt für Schritt erklärt: Alles, was Sie über die Registrierung zu Ihrem E-Mail-Coaching wissen müssen.

SG/V VERLAG

So starten Sie Ihr Coaching-System ...

Workbooks aus dem SGV Verlag sind nicht auf das Lernen mit Ihrem Arbeitsbuch begrenzt. Denn neben den Inhalten Ihres Buches öffnen die Mails des Coaching-Systems den Zugang in eine multimediale Wissenswelt. Hintergründe, Links, Videos und zusätzliche Informationen erweitern und festigen das Gelernte.

Wann Sie Ihr E-Mail-Coaching aktivieren sollten ...

Wir empfehlen Ihnen, erst ein wenig mit Ihrem Workbook vertraut zu werden, bevor Sie Ihr Coaching-System starten. Wenn Sie sich endgültig für Ihr neues Workbook entschieden haben, registrieren Sie sich. Haben Sie sich einmal registriert, erhalten Sie montags bis freitags jeweils eine von mindestens 30 E-Mails aus der Workbook-Redaktion.

So starten Sie Ihr Coaching-System:

Auf der letzten Seite Ihres Workbooks finden Sie Ihre persönliche Zugangsnummer, die Sie für die Registrierung benötigen. **Bitte beachten Sie: Wird die Versiegelung der Seite geöffnet, erlischt damit Ihr gesetzliches Rückgaberecht.**

Die Registrierung ist ganz einfach:

1. Sie starten Ihr Coaching-System, indem Sie sich durch Eingabe Ihrer persönlichen Zugangsnummer auf der Webseite des SGV Verlags registrieren.

2. Folgen Sie ganz einfach der Anleitung, die mit Ihrer persönlichen Zugangsnummer geliefert wird. Im Registrierungsbereich auf www.sgv-verlag.de geben Sie diese persönliche Zugangsnummer ein. Bitte füllen Sie auch mindestens die weiteren Pflichtfelder aus. An die hier eingetragene E-Mail-Adresse senden wir Ihre Coaching-Mails. Wichtig: Ihr Name steht nicht nur in der Anrede der persönlichen E-Mails, sondern erscheint so, wie Sie ihn hier eintragen, auch auf Ihrem Teilnahmezertifikat.

Mit Eintragung Ihres Zugangs-Codes erteilen Sie dem SGV Verlag, Augsburg die Erlaubnis, Ihnen alle E-Mails, die Ihr Coaching-System und Ihr Workbook betreffen, zuzusenden.

Ihr Coaching-System wurde speziell zu Ihrem Workbook entwickelt ...

... und verbindet ein Print-Medium mit der Geschwindigkeit eines neuen und schnellen Mediums, das Sie unter anderem per Verlinkung immer wieder zu

Landeseiten im Internet bringt. Mit der Registrierung erkennen Sie auch die folgenden **Teilnahmebedingungen** an.

1. Aktualität und Verlinkung

Bitte denken Sie daran, wichtige Informationen, die Sie durch Verlinkung in Ihrer Mail erreichen, nach Möglichkeit auszudrucken oder abzuspeichern – wenn Sie sie dauerhaft behalten und damit arbeiten wollen.

Die Links in Ihrem Coaching-System wurden mit Sorgfalt ausgesucht und gesetzt. Deshalb garantiert Ihnen der SGV Verlag während Ihrer Coaching-Phase die Verfügbarkeit solcher Links, sofern sie auf eigene Unterseiten verweisen. Wichtig ist hier: Ihr Workbook wird ständig überarbeitet. Deshalb werden Links und Informationen hinter diesen Links immer wieder aktualisiert – und eventuell auch inaktiv. Dies gilt insbesondere für Fundstellen auf fremden Internetseiten, auf die Sie per Link hingewiesen werden. Solche Landeseiten gehören unter Umständen zu den Web-Auftritten anderer Unternehmen oder Institutionen, sodass der SGV Verlag hier keinerlei Einfluss auf ständige Verfügbarkeit einer Information nehmen und dafür auch keine Haftung übernehmen kann.

Nach Abschluss Ihres E-Mail-Coachings bemühen wir uns, Informationen hinter den zur Verfügung gestellten Links für weitere 30 Tage erreichbar zu halten.

2. Haftungsausschluss

Der SGV Verlag haftet nicht für technische Störungen und Defekte an Servern, Leitungen oder sonstige Einflüsse, die eine Zustellung von E-Mails oder die Funktionsfähigkeit von Links beeinflussen bzw. unterbinden. Falls einmal Störungen auftreten oder Sie eine E-Mail nicht erhalten, informieren Sie uns bitte innerhalb von 14 Tagen. Wir werden uns bemühen, Ihnen Ihre Informationen bei einer anhaltenden Störung über andere Medien zuzustellen.

Arbeitsbuch und Coaching-System sind sorgfältig erarbeitet worden. Dennoch erfolgen alle Angaben ohne Gewähr. Weder Autor noch Verlag können für eventuelle Nachteile oder Schäden, die aus den in Buch, E-Mails oder auf verlinkten Seiten gemachten Hinweisen resultieren, eine Haftung übernehmen.

3. Ablauf und Dauer

Ist Ihr Coaching-System einmal gestartet, erhalten Sie an den Tagen Montag bis Freitag und insgesamt 30 Tage lang jeweils eine von mindestens 30 E-Mails. Nach Beginn des E-Mail-Coachings kann diese 30-Tage-Folge aus systemtechnischen Gründen nicht unterbrochen werden.

Kapitel 11
E-Mail-Coaching

Ihre persönliche Zugangsnummer

Nun können Sie Ihr Coaching-System starten, indem Sie sich durch Eingabe des persönlichen Zugangscodes wie folgt registrieren:

1. Geben Sie in Ihrem Browser die folgende Internet-Adresse ein:
   `www.sgv-verlag.de/workbook02_anmeldung.html`

2. Auf dieser Seite werden Sie nun durch die Registrierung geführt. Hier geben Sie Ihre persönliche Zugangsnummer ein. Bitte füllen Sie auch mindestens die weiteren Pflichtfelder aus. An die hier eingetragene E-Mail-Adresse senden wir Ihre Coaching-Mails.

Wichtig: Ihr Name steht nicht nur in der Anrede der persönlichen E-Mails, sondern erscheint so, wie Sie ihn hier eintragen, auch auf Ihrem Teilnahmezertifikat.

Mit Eintragung Ihres Zugangscodes erteilen Sie dem SGV Verlag, Augsburg die Erlaubnis, Ihnen alle E-Mails, die Ihr Coaching-System und Ihr Workbook betreffen, zuzusenden.

Um an den Zugangscode zu kommen, einfach das bedruckte Etikett ablösen:

```
nr Zugangscode 7
 ### Ihr Zugan
Ihr Zugangscode
angscode ### Ih
```

Mit dem Öffnen der Versiegelung erlischt Ihr gesetzliches Rückgaberecht.